나는
오늘도
내가 만든
일터로
출근
합니다

나는 오늘도 내가 만든 일터로 출근합니다

새로운 비즈니스로 세상을 바꾸는 여성 이노베이터 8인의 창직 스토리

홍진아 지음

북하우스

오늘도 자기만의 이야기를 써 내려가고 있는
모든 여성들에게

프롤로그

처음 일을 시작했을 때, 이상하다고 여긴 부분이 하나 있었다. 함께 일하는 실무자나 중간 관리자의 비율은 여성이 남성보다 많은데, 대표나 이사는 거의 대부분 남성이라는 사실이었다.

그 때문이었을까. 30대 중반까지의 내 미래는 비교적 명확하게 그릴 수 있었는데, 그 이후에 나는 무엇을 할 수 있을지 아무리 상상력을 발휘해도 가늠하기 어려웠다. 지금 내가 하고 있는 일을 앞으로도 계속 할 수 있을지 생각할 때면, 좋아하는 일을 하고 있는 순간에도 문득 불안감이 엄습했다. 나이가 들어서도 자신의 일을 계속 해나가는 여자 선배들을 어쩐지 쉽게 찾아볼 수 없었다. 또 어쩌다 만나게 되는 40대 이후의 일하는 여성들은 대부분의 경우, 내가 닮고 싶지 않은 모습을 하고 있었다. 굉장히 지쳐 있거나 남성들이 만들어놓은 조직의 질서에 동화되어 있는 모습이었기 때문이다. 그것이 그들이 원하는 모습이 아니었을 수도 있다는 것은 시간이 지나고 나서야 알았다.

올해로 사회생활을 시작한 지 8년 차에 접어들었다. 그사이 세상에는 '9시 출근, 6시 퇴근' 이외의 일에 대한 새로운 관점과 방식을 제시하는 담론들이 등장하기 시작했고, 덕분에 나는 이전 세대보다 조금 더 유연한 방식으로 일할 수 있는 기회를 만났다. 개인적으로는 재미있는 일들을 벌이는 것을 좋아하는 기획자 성향도 있어서, 직장에서 퇴근하면 의미가 있다고 생각하는 여러 프로젝트를 추진했다. 여성들을 위한 페미니즘 프로젝트 '와일드 블랭크 프로젝트'를 시작했고, 동네 극단을 만들어 뮤지컬을 무대에 올리기도 했다.

2017년에는 '하고 싶은 것이 많은데 왜 직장은 하나여야만 할까'라는, 어쩌면 말도 안 되는 질문이 생겨 나의 일을 걸고 일종의 실험을 시작했다. 스스로에게 'N잡러'라는 이름을 붙이고 낮에는 두 개의 직장에 소속을 두고 일하고, 밤에는 여러 개의 프로젝트를 하며 즐겁게 일했다. 오늘의 일을 계획한 어제의 나를 원망하며 내일의 일을 또 생각하는 날들이었다.

***

하지만 이렇게 일의 형태나 환경이 바뀌어 가는 중에도 여전히 롤모델로 삼을 만한 여자 선배를 찾기 어려운 현실은 변함이 없었다. 불안하고 외로웠지만 내가 할 수 있는 것은 그냥 내가 하고자 하는 일들을 내 나름의 기준과 열심으로 잘하는 길밖에는 없다고 생각했다. 그러던 중 4차 산업혁명에 대해 논하는 한 컨퍼런스의 안내문을 보게 됐다. 안내문을 다 읽고 나니 말 그대로 맥이 쑥 빠졌다. 컨퍼런스에 초청된 10여 명의 연사 중 여성은 한 명도 없었기 때문이다. 사회자까지 남자인 이 컨퍼런스에서 '우리'의 미래를 제대로 이야기할 수 있을까 싶었다. 동시에 내가 계속 일하기 위해서는 나 혼자 열심히 잘하면 되는 문제가 아니라는 생각이 강하게 들었다. 외롭게 유리천장을 깨거나, 그냥 사라지거나. 이 두 가지의 선택지 이외에 다른 선택지가 우리에겐 필요하다는 생각을 했다.

이 일을 계기로 나는 20~30대의 젊은 여성 기획자들을 위한 진로탐색 학교 '외롭지 않은 기획자학교'를 시작했고, 이것이 또 다른 계기가 되어 아예 내 일터를 내가 스스로 만드는 방향으로 진로를 틀었다. 나는 올해 9월, 대담한 여성들을 위한 커뮤니티 랩 '선샤인콜렉티브'를 시작했다. 선샤인콜렉티브는 흩어져서 외롭게 일하는 여성들이 일터 밖 동료를 만나 일의 지속가능성을 함께 고민하고 더 대담한 시도를 할 수 있도록 하는 여성 커뮤니티 서비스이다.

***

작년과 올해, 새로운 판을 만들고 싶다는 생각을 뛰어넘어, 무엇인가 진짜 해낼 수 있었던 이유는 머릿속에 또렷이 그려지는 얼굴들이 있었던 덕분이다. 자기만의 이유와 이야기를 가지고 일하는 내 주변의 일하는 여성들의 존재, 그리고 그들과 나눈 대화는 우리 여성들이 그저 가만히 있지 않고, 목표한 바를 향해 함께 걸어가고 있음을 감각하게 했다. 외롭지 않은 기획자학교에서 만난 20대 기획자들을 통해 앞으로 이들이 변화시킬 세상을 기대할 수 있었다. 이행기의 누군가로 자신을 내버려두지 않고, 스스로에게 일하는 사람으로서 정체성을 부여하고 야무지게 자기 일을 해나가는 이 여성들을 통해, 지금의 이 기울어진 운동장의 기울기가 점점 줄어들지 않을까 하는 희망적인 생각을 품게 됐다.

누군가가 들려주는 구체적인 일의 서사는 지금 나의 일을, 그리고 앞으로를 더욱 구체적으로 상상하도록 자극한다. 이를 동력으로 우리는 외롭지 않게 일할 수 있다. 그것이 더 많은 여성의 일 이야기를 듣고 싶은 이유이자, 새로 판을 만들어 나가고 있는 여성들의 이야기를 기록해야겠다고 결심한 이유이기도 하다.

***

이 책은 창업을 권하는 책이 아니다. 자신만의 서사를 가지고 기존에 없던 판을 만들어 나가는 여성들에 대한 이야기이다. 내가 내 일의 맥락을 만들어 나가면서 지도 어딘가에 지금까지 없었던 길을 낸다면, 그것이 조직 안이든, 밖이든, 새로운 형태의 무엇이든, 내가 속한 세상을 변화시켜 나갈 수 있다는 것을 말하고 싶었다. 자기 일터를 스스로 만든 여덟 명의 여성들이 들려준 이야기들이 인터뷰어였던 나에게 그랬던 것처럼, 독자들에게 자신이 하는 일을 되돌아보고 새롭게 도전하고 성장해 나아가는 데에 영감을 줄 수 있으면 좋겠다.

그렇게 쓰인 또 다른 이야기는 다시 누군가의 삶에, 누군가의 일에, 그리고 앞서 이야기를 들려준 선배 여성들에게 다시 영향을 미칠 것이다. 어쩌면 지금 우리로 인해, 그리고 뒤에 오는 여성들로 인해 그 많던 여자 선배들이 사라지지 않을 수 있는 세상이 걸음을 재촉하며 다가오고 있을지도 모른다.

***

첫 책을 계약하고 그 소식을 전하자 소리를 지르며 기뻐해주던 범서파 친구들 덕분에 용기를 내어 책을 쓸 수 있었다. 30대 중반을 함께 견디며 지나가고 있는 일요일의 친구들과 일을 하면서 만난 사람들과도 친구가 될 수 있다는 사실을 알려준 성수동(지금은 서울 곳곳에서 일하고 있는) 친구들에게도 고맙다는 인사를 하고 싶다. 글을 쓰는 데 시간이 많이 걸리는 사람을 기다려주고 함께 책을 마무리해준, 이제는 동료라는 이름으로 부를 수 있게 된 편집자 한아름 님에게도 감사드린다. 나만의 질문을 가질 수 있게 키워주신 부모님, 멀리 있지만 제일 먼저 응원해주는 동생들에게 평소에 전하지 못하는 사랑을 전하고 싶다.

차례

프롤로그 · 6

01
이은의 이은의 법률사무소 대표 변호사 · 14
여성을 위한 법과 제도를 위해
오늘도 나는 싸운다

02
최하란 스쿨오브무브먼트 공동대표 · 42
불의에 맞서는 여성들의 시대,
작은 힘을 보태는 움직임

03
안지혜 이지앤모어 대표 · 78
여성들에게 더 많은
선택의 권리가 필요한 이유

04
김희정 째깍악어 대표 · 116
돌봄이 필요한 찰나의 순간에
함께하는 플랫폼

05
연현주 생활연구소 대표 · 148
'그림자 노동'의 그림자를 걷어내고
가사 노동의 가치를 재정립하다

06
이민경 봄알람 공동대표 · 186
페미니즘의 봄을 알리며
행동하고 기록하는 여성들의 공동체

07
조소담 닷페이스 대표 · 222
새로운 상식을 묻는
밀레니얼들의 미디어 커뮤니티

08
이수인 에누마 대표 · 254
세계 최고의 팀과 함께
모두를 위한 교육 애플리케이션을 만들다

에필로그 · 290

여성을 위한 법과 제도를 위해

오늘도 나는 싸운다

01

○

이은의

이은의 법률사무소 대표 변호사

이은의

○

이은의 법률사무소 대표 변호사

1998년 대졸 신입사원 공채로 삼성에 입사해 해외영업을 담당했다. 상사의 성희롱 문제를 제기한 후 사내에서 불이익을 겪고 회사를 상대로 송사를 벌였다. 4년간의 싸움 끝에 승소해 '삼성을 상대로 싸워 이긴 최초의 여성'이 됐다. 기득권에 맞섰던 시간이 사건 사고가 아니라 빛나는 경험이 되길 바랐고, 나에게도 남에게도 유의미한 일을 하고 싶었다. 서른여덟 살에 전남대학교 법학전문대학원에 들어가 치열하게 공부한 끝에 변호사가 됐다. 2014년 자신의 이름을 내건 법률사무소를 개업해, 남성 중심 사회에서 약자로서 피해를 입은 여성, 대기업을 비롯한 힘센 조직의 갑질로 고통받는 사람, 열정을 담보로 부당하게 착취당하는 청춘 등 사회적 약자들의 든든한 주변인이 되어 이들을 변호하고 있다.

○

'여성에게 나라는 없다'라는 말을 자주 했던 한 해였다. 공공장소에서의 불법 촬영에 대한 처벌을 강화하라는 목소리는 지난여름 혜화역에서 수만 명의 외침으로 이어졌다. 남성의 누드 사진을 찍어 유포한 여성이 용의선상에 오르고 구속되는 데 며칠이 채 걸리지 않아 '이례적'이라는 수식어가 붙기도 했다. 불법 촬영물 유통 웹하드 업체를 통해 수많은 여성들의 영상과 사진이 유포되었을 때에는 볼 수 없었던 속도였기 때문이다. 이후 이 여성 피의자에게는 1심 재판에서 징역 10개월이 선고됐고, 1심 사법부의 판단은 많은 여성들의 공분을 불러일으켰다. 지난 5월 시작된 혜화역 시위는 5개월 만에 시위 5회 차에 접어들었다. 이 밖에도 안희정 1심 재판 무죄 판결, 이별한 여자친구에게 앙심을 품고 일가족을 몰살한 사건 등 하루가 멀다 하고 벌어지는 일들에 내내 절망했다. 최소한의 안전도 보장받지 못하는 사회에서 여성으로서 살아간다는 것에 불안하기도 했다.

법과 제도가 좀 더 여성을 향하는 일은 가능할까. 이것을 묻고 싶어 이은의 변호사를 찾아갔다. 그가 직장 내 성희롱 사건으로 삼성과 4년을 다툰 사람이라는 이유 때문만은 아니었다. 그동안 보도된 굵직한 성폭력 사건 기사에서 이은의 변호사의 이름을, 피해자 옆에 든든하게 서 있는 이은의 변호사의 얼굴을 자주 볼 수 있었기 때문이다. 그를 만나기 위해 서초동 대법원 인근에 자리 잡은 '이은의 법률사무소'를 찾았다.

사무실이 전형적인 변호사 사무실처럼 생겨서 놀랐다. 이 역시 편견일 수 있겠지만, 좀 더 화려하고 변호사 사무실 같지 않은 곳에서 일할 것이라 생각했다.

변호사 사무실이 다 이렇게 생겼다. 원래 다른 사무실에 얹혀서 4개월 정도 보내다가 내 사무실이 필요해서 알아보던 중 보러 온 곳이 여기였다. 별생각 없이 빠르게 결정했는데, 나중에 알고 보니 '골동품 동네'였다. 연령층이 좀 높은 의뢰인들이나 전관 변호사들이 주로 있는 곳. 이 건물에 젊은 여자 변호사, 그것도 대표 변호사가 여성인 사무실은 우리 사무실 하나이다. 내가 단순한 면이 좀 있어서 이게 맞나 보다 싶으면 마음 가는 대로 한다. 이 사무실도 그렇게 만들어졌다.

단순하게 생각하면서 자기 신념을 중요하게 여기는 특성은 사

무실 이름에서도 드러나는 것 같다. 주로 로펌 이름으로 두 글자 한문이나 한글 이름을 쓰던데 '이은의 법률사무소'라는 이름을 지은 특별한 이유가 있나?

많은 변호사 사무소들이 여러 변호사가 모여서 개업하지, 단독 개업은 잘 하지 않는다. 그래야 개인 비서 대신 공동의 일을 봐줄 직원을 둘 수 있고, 공동 공간을 공유할 수 있으니까. 그런데 나는 개업할 당시에 그런 것을 잘 몰랐다. 그냥 단독 개업해야 하는 줄 알았다. 로스쿨 여자 동기들은 대부분 고용 변호사로 취업해서 일하니까, 취업 아니면 개업해야 되나 보다 한 것이다. 그러면서 사무실 이름이 필요했고 '이은의'라는 내 이름을 간판에 쓰고 싶었다.

고용 변호사로 취업하는 방법도 있었는데 단독 개업을 한 이유는 무엇인가?

두 가지 이유였다. 첫 번째는 누가 나를 쓸 것이냐는 질문에 쉽게 그림이 안 그려졌다. 한국 사회가 되게 보수적이다. 싸움질하는 여자를 싫어한다. 기득권과 싸우면 온갖 수식어를 붙여서 도태시키려고 한다. '종북', '좌파', '빨갱이', 요즘엔 '꼴페미'도 추가됐다. 그런 사회에서 나는 심지어 한국 사회 기득권의 총집합인 삼성과 싸웠다. 게다가 직장 내 성희롱,

노동 조건 이의 제기, 내부 고발이 뒤섞인 사건이었다. 게다가 변호사가 되었을 때, 나는 마흔한 살이었다. 어떻게 해도 취업할 수 있는 견적이 안 나왔다. 취업은 승산이 없다고 생각했다. 그래서 개업했다. 아무도 나를 안 써주면 내가 나를 써주자, 유능한 나를 내가 스스로 고용한다, 이런 생각이었다. 그래서 내가 우리 집 최초의 자영업자가 됐다.

또 다른 이유는 뭔가?

개업을 한다는 것이 엄청 막막하게 느껴지진 않았다. 다들 변호사 사무소 개업을 하면 영업해서 사건 수임을 해야 하는데 혼자서 그걸 할 수 없을까 봐 걱정한다. 그런데 나는 사회생활을 하다가 로스쿨에 진학했고 해외영업을 하던 사람이기도 하고, 내 사건이 공론화되기도 했다. 누군가 나를 알아야 일을 주는 상황이라면 시간이 걸리더라도 내가 해낼 수 있을 것이라는 생각을 했다. 신기하게도 개업한 이래 한 번도 어려운 적이 없었다. 늘 조금씩 좋아졌다. 금전적, 경제적 측면만 말하는 것은 아니다. 내게 온 사건들, 사건의 숫자, 사건의 성격, 거기에 따르는 수입 측면, 그리고 사회적 발언을 할 수 있는 부가적 기회가 조금씩 더 개선되고 약진해왔다. '그래, 내 생각이 맞았어', '그러니 계속 나를 믿어주자' 싶었다.

이은의 변호사는 1998년 삼성전기 영업 부서에서 커리어를 시작했다. 전공이 포르투갈어였던 덕분에 남미 지역을 전담하는 담당자가 됐다. 2005년 상사의 성희롱 문제를 제기한 후 사내에서 불이익을 겪고 2007년 송사를 벌였다. 4년여의 싸움 끝에 승소해 '대기업 삼성을 상대로 싸워 이긴 최초의 여성'이 됐다.

이은의 변호사는 자신을 '복잡한 감수성을 가지고 있지만 단순하게 사고하는 사람'이라고 표현했다. 그는 '잘못됐다'는 것을 예민하게 느끼고, 뭔가 해야겠다고 생각하면 자신이 생각한 그 '뭔가'의 길을 가는 사람이었다. 복잡한 경우의 수를 따져 행동의 방향을 정하지 않았다. 한 가지 인상적인 것은 해낸 일들이 결국 자신에게 어떤 영향을 미쳤는지, 그 영향 중에 내게 좋은 것은 어떤 것인지를 자신의 언어로 표현한다는 사실이었다. 우리 삶에서 일어나는 거의 대부분의 일들은 나의 힘으로 피할 수 없이 그냥 다가온다. 하지만 그렇게 불가피하게 벌어진 일이 남긴 의미는 나의 힘으로 해석할 수 있고, 그때에 비로소 나만의 온전한 경험이 된다. 이은의 변호사는 스스로에게 '그래, 내 생각이 맞았어'라고 말하며 피할 수 없었던 일들을 자신만의 무기로 만들어 나가고 있다.

로스쿨이라는 새로운 선택의 이유

•

서른여덟 살에 로스쿨에 진학했다. 한창 열심히 일해야 하는 시기에 3년이라는 시간을 공부에 쏟아야 한다는 것이 부담스럽진 않았나?

'내가 회사랑 싸움을 4년 했는데 3년 공부 못할 게 뭐야'라는 생각을 했다. 회사와 싸우면서 얻은 경험과 깨달음이 있었는데 그중 하나가 시간을 감수해야 얻는 것이 있다는 사실이다. 그 시간을 초조해하면 안 된다는 것을 배웠고, 그래서 로스쿨 진학을 선택하는 것이 많이 고민되지 않았다.

왜 로스쿨이었나?

2010년 4월에 마지막으로 민사소송 승소 판결이 나오고 사건이 일단락됐다. 그때 나는 〈여고괴담〉 속 귀신처럼 7년간 대리로 있었다. '이제 난 어떡하지?'라고 스스로에게 묻게 되더라. 회사가 선의로 승진을 더 빠르게 해준다 하더라도 표면적인 직급이나 직위 이동이지 회사와 송사를 벌이는 동안 단절된 커리어를 쌓아주는 것은 아니니까. 커리어가 없이 승진만 하면 사실상 중간 관리자로서 지휘 능력이 없다고 봐야 한다. 그럼 회사에서 식물처럼 살아야 하는데 그 자리에 안존하기에는 몸과 마음이 뜨거운 상태였다. 지금까지 지내온 시간 중에 활용할 수 있는 나의 경험이 뭘까 생각하다가 로스쿨에 가기로 했다. 얼마나 공부를 해야 하는지 몰랐던 거지. (웃음)

그동안의 경험을 가지고 활동가가 되는 방법도 있었을 것이고, 학자가 되어 연구하는 방법도 있지 않나?

객관적인 증거를 정리해서 논리적으로 싸우는 일을 잘하는 사람에게 변호사가 잘 맞지 않았겠는가. (웃음) 그리고 나는 대단히 부를 추구하는 것은 아니지만 기본적으로 배고픈 것이 싫다. 한국에서 30대 후반의 펜대를 굴려 일하는 여성이 경력직으로 이직할 수 있는 공간이 없다. 3~4년 내에 일을 할 수 있을 것이라고 생각해서 로스쿨에 갔다. 이왕이면 힘들었던 시간이 사건 사고가 아니라 내 삶의 빛나는 경험이 되길 바랐고, 나에게도 남에게도 유의미한 일을 하고 싶었다. 그렇게 그 사건을 딛고도 잘 지낸다고 말할 수 있었으면 했다.

전남대학교 법학전문대학원이 인권 특화 학교라고 들었다. 일부러 그곳을 지원한 것인가?

전혀 아니라고 할 수는 없겠지만 내게 일어난 일들이 다 그렇듯 그 이유만으로 일부러 그곳을 찾아간 것은 아니다. 여러 상황이 맞물려 전남대학교 법학전문대학원에 가게 됐다. 그런데 결과적으로 그곳에 가길 잘했다는 생각이 든다. 그곳에서 한국 사회에 만연한 뿌리 깊은 편견이 나에게도 있다는 것을 경험적으로 알게 됐다. 다행스럽게도 로스쿨에서 친하게 지냈던 선후배들, 교수님들이 전라도에 대한 내 편견을 없애줬다. 편견이 있었다는 것도 웃긴 일이지만. 나는 원래 게으르고 좁은 사람이라 내가 하는 일 말고는 관심이 없다. 그래서 어떤 일들이 내게 자극으로 와서 내 시야를 넓혀주곤 한다. 그런 경험을 계속했다. 회사와 싸운 것도 엄밀히 말하면 내 세계를 넓혀주는 일이 됐다.

구체적으로 어떻게 넓혀주었나?

여성에 대한 이분화된 시각이 다니던 회사 안에 존재했다.

남자 직원들이 고졸이나 전문대졸 출신의 여직원들한테 시답지 않은 농담을 던지거나 신체적 접촉을 은근슬쩍 하는 경우가 없지 않았는데, 내게 그 일이 일어나기 전까지는 그 사실을 몰랐다. 나한테는 안 그랬으니까. 내가 우월적 지위에 있으면서 나한테 어떤 문제가 실제로 생기지 않으면 그 문제에 관심을 안 갖는다. 문제적 상황을 안 당하는 것이 상대적 우월감을 주기 때문이다. '쟤는 저러니까 당하는 거야', '난 특별해서 안 당하는 거야', '저 애들이 싫다고 안 해서 당하는 거야'라고 생각해버리면 된다. 같은 맥락에서 회사가 부당할 수 있다는 것도 생각을 못 했다가 직접 송사하면서 여직원의 말 정도는 회사가 간단하게 묵살할 수 있다는 것을 알았다. 한 사람의 삶이 어떻게 망가지는지도 알게 됐고. 그전까지는 경찰서, 법원이 어떻게 생겼는지도 몰랐다. 가끔 이 일 하려고 그런 일이 있었나 하는 생각도 든다.

이은의 변호사는 2014년 로스쿨을 졸업하고 변호사가 되어 법률사무소를 개업한다. 회사에서 성희롱을 당하고 그에 따른 2차 피해를 겪으며 회사와 맞섰던 경험은 같은 피해를 입고 법률사무소의 문을 두드리는 다른 여성들을 제대로 변호해줄 수 있는 경험이 되어주었다. 뿐만 아니라 기득권에 맞섰던 감각은 권리를 가지지 못한 여성들이 어떤 위험에 노출되는지에 대해 예민하게 느끼고, 문제의식을 가지게 했다.

주로 맡는 사건이 성범죄 관련 사건인가?

성폭력이 범죄일 수도 있고 불법 행위 정도에 해당할 수도 있어서 '성폭력 관련 사건'이라고 하는 것이 맞다. 여하튼 성폭력을 둘러싼 문제들이 수임하는 사건의 70~80퍼센트 되고, 20~30퍼센트는 이혼, 일반 민·형사, 노동사건 등이다. 주력하는 분야가 분명 있고, 대부분의 의뢰인은 젊은 여자분들인 경우가 많다.

젊은층이라고 하면 20, 30대 여성인 것인가?

아무래도. 지금은 20, 30대 여성이 많지만 40대 이상도 있다. 내가 일로 만나는 사람들이 "변호사 님은 나이를 잘 못 느끼겠어요"라는 말을 많이 한다. 아마 내가 만나는 사람들이 대부분 20, 30대이기 때문일 것이다. 의뢰인들과 사건의 애환을 함께 겪어가다 보니 재판이 끝나고 나면 친구로 많이 남는다.

사건도 해결하고 친구도 되고 보람 있는 일이다.

변호사 일이 그런 것 같다. 사건이 승소로 마무리되지 않았을 때에도 의뢰인이 "충분했어요"라고 말할 때가 있다. 그럴 때는 의뢰인의 손을 잡고 그의 어두운 인생을 함께 걸어 나왔다는 굉장한 보람이 있다. 그렇게 보람으로 치환되기 위한 과정 중의 감정이입과 고통이 있고.

변호 과정 중의 감정이입과 고통은 어떤 것인가?

어제도 밤에 일하다가 의뢰인 때문에 혼자 울었다. 아침에 일어나면 어젯밤에 왜 그랬지, 그 시간에 보고서 하나라도 쓸 걸 하는데. (웃음) 감정이입의 문제도 있지만 피해자들은 대부분 우울한 상태에서 오는 경우가 많기 때문에 그 영향을 받기도 한다. 성폭력 관련 사건을 대하는 사회의 태도가 객관적이지 않은 것에도 답답함을 느낀다. 의뢰인과 함께 느끼는 감정이다. 그래서 보람은 크지만 스트레스가 많다. 그리고 송사를 하다 보면 의뢰인의 가해자들이 변호사를 공격하는 경우도 있다.

그런 공격을 자주 받나?

늘 있다고 보면 된다. 지금도 공격에 시달리고 있다. 각종 진정과 고소는 물론이고, SNS상에 나에 대한 거짓말을 퍼트리기도 한다. 돈이 많은데 못된 가해자는 전관 변호사를 선임해서 애초부터 성립 안 되는 범죄 사실로 나를 고소하기도 한다. 말 그대로 괴롭힘이다. 이런 괴롭힘이 나를 결과적으로 위험에 빠트리지는 않는다. 문제는 이런 상황에 대한 아무런 법률적 견제 장치가 없다는 것이다. 여성 변호사, 여성 법조인, 여성 수사관들이 이 부분에 있어 굉장히 취약하다. 법조계, 수사계의 여성 인력들을 한국 사회가 어떻게 보호하고 있는지도 들여다봐야 한다.

피의자들은 대부분
피해자보다 부지런하다

•

그러고 보면 법이 모든 사람을 위해 존재하기는 하지만 여성들에게 많이 불리하다는 생각이 든다.

법은 애초에 기득권이 가진 것을 보호하기 위해 만들어졌다. 실체적 진실에 근거해서 최대한 객관적으로 판단한다고 하더라도, 약자의 입장에서 가깝게 차용해 활용하기 쉽지 않다. 이를 대전제로 법조계는 노력해야 한다. 사회는 이 사실을 인정해야 하고. 물론 법은 가진 것이 없는 사람들을 위한 마지막 보루가 되긴 한다. 그런데 대한민국 사회가 '약자를 위해 법은 있습니다'라는 이야긴 하지 말았으면 좋겠다는 것이다. 이건 그냥 법을 운용하는 제도권의 이야기일 뿐이다. 그렇기 때문에 입법주체나 정부는 법이 약자를 위한 법으로 존재할 수 있도록 노력해야 한다. 사법부도 법이 약자를 위해 적용될 수 있으려면 어떻게 해야 하는지, 그나마 마련되어 있는 사회적 약자를 위한 법들을 그들을 위해 어떻게 써야 하는지를 고민해야 한다.

요즘에 그걸 더 많이 느낀다. 법으로 보호받지 못해 불안하니까 SNS에 피해 사실을 폭로하고, 그로 인해 피해자이면서도 명예훼손 가해자가 된다.

SNS 폭로에 대해서는 꼭 말하고 싶은 부분이 있다. 피해자들에게 최대한 자기를 보호하는 방법을 먼저 생각해보라고 말하고 싶다.

도움을 받기 위해 피해 사실을 호소하는 일을 하지 말라는 것인가?

그건 아니다. 합법적 절차 안에서 자기를 어느 정도 보호해야 한다. 우선은 가급적 절차를 활용해 대응하며 말하는 것을 고민해야 한다는 이야기이다. 본질적으로는 피해자가 가해자가 되는 상황이 생기면 안 되니까 그 부분에 대해 생각을 해보라는 것이다. 그런데 피해자들은 절박하기도 하고 막막하기도 하니까 그렇게 잘 못한다.

피해자들이 피해 사실을 SNS 등에 폭로하는 동안 가해자들은 변호사를 만나서 소송에서 이길 기반을 다 만들어놓고 온다고 들었다.

우리 사무소도 그런 상황으로 힘들어진 후에 찾아오는 의뢰인들 사건이 반이다. 이미 준비된 피의자들과 변호사들에게 둘둘 말려서 온 사건이 반 정도 된다고 보면 된다. 속상하지.

그러면 이렇게 되었을 때 어떻게 대처하는 것이 좋은가? 변호사 사무실을 찾아가면 되나?

상황에 따라 다른데 뭐든지 유관 사건을 많이 다뤄본 사람을 찾아가는 것이 좋다. 경찰도 경제사범 수사팀이나 강력반에서는 여성, 청소년 수사에 관한 일을 잘 모른다. 또 수사와 법적 판단은 다르다. 기소권(특정한 형사사건에 대해 검사가 법원의 심판을 구하는 행위)은 검사가 가지고 있으니까. 또 검사가 법을 많이 알지만 판사처럼 판단하는 주체는 아니다. 변호사도 마찬가지라서 자기가 주로 수임하는 분야의 사건들을 더 많이 알 수밖에 없다. 여하간 피해자는 자신의 변호사, 경찰, 검찰, 법원 관계자 등 복잡한 층위의 사람들을 만나게 되는데, 나의 문제를 해결하기 위해서라면 피해자들도 적극적이고 능동적으로 정보들을 공유하고 자기가 어디를 찾아가는 것이 좋고 누굴 만나서 무엇을 물을지에 대해서 좀 더 부지런하게 알 필요가 있다. 앞서 말했지만 가해자들은 아주 부지런하다.

우리 모두 당연히 해야 할 일을 애써 외면하지 않기를

•

그런 피해자를 옆에 둔 주변인들에 대한 이야기도 해보고 싶다. 누구나 주변인이 될 수 있으니까. 주변인의 역할과 책임은 무엇일까?

주변인으로서 각자가 응당 해야 할 것만 해줘도 된다. 그런데 그게 잘 안 된다. 예를 들어, 사건과 관련하여 보거나 들은 사실을 그대로 진술하면 회사 생활에 도움이 안 되니 진술을 안 한다. 내 일도 아닌데 굳이 남의 일에 끼어들어야 하나 생각하며 한 발 뒤로 물러선다. 그런데 이게 옳은가? 사실 해야 하는 일인 거다. 안 해도 되는 일이라고 합리화하고 편하게 생각하는 것뿐이지. 개인적인 유불리를 떠나서 자신이 목격한 상황을 거짓 없이 진술하는 일은 인간적 의무이자 도의적 의무이다. 그런데 안 해도 되는 일로, 선택하면 되는 것으로 치부한다. 당연히 해야 하는 일을 애써 외면하지 않기만 해도 주변인의 의무를 지키는 것이다. 그래서 "주변인들이 뭘 하면 좋을까요?"라고 물으면 뭘 일부러 찾아서 하지 말고, 대신 당연히 해야 하는 걸 애써 외면하지 말라고 하고 싶다.

어디까지를 주변인이라고 할 수 있을까?

누구나 주변인이다. 변호사도 엄밀히 말하면 주변인이다. 피해자의 가장 가까운 주변인인 거지. 변호사가 어려운 직업이다. 왜냐하면 사건을 잘 변호하려면 사실관계를 파악하고 상대가 공격할 지점을 잘 분석해야 한다. 그러려면 사건을 객관적으로 바라봐야 한다. 그걸 위해 피해자에게 취조하다시피 수차례 묻고 답을 들으면서 동시에 피해자를 다독이기도 해야 한다. 수사기관도 법원도 가지고 있지 않은 어려움을 겪는 직업군이자 피해자와 밀접한 주변인이다. 하지만 사건을 위해서는 피해자와 거리도 필요하다. 변호사가 건강한 주변인으로 사는 방법은 그런 것이라고 생각한다.

이은의 변호사와 인터뷰를 하기 며칠 전, 혜화역에서는 '불법 촬영 편파수사'를 규탄하는 시위가 있었다. 불법 촬영 범죄에 대한 제대로 된 수사를 요구하는 목소리가 혜화역 앞길을 가득 메웠다. 이렇게 터져 나온 목소리는 사람들의 이목을 집중시켰고, 시위의 당위성에 대한 논쟁으로 이어졌다. 남성을 비하하는 '동의할 수 없는' 구호가 있다는 것이 그 이유였다. 성폭력과 관련된 이슈는 왜 성별 대결 양상의 논쟁으로만 이어지고, 문제의 근원적인 해결책은 더디게 논의되는 것일까. 이 땅에서 여성이 안전하지 못하다고 생각하는 한 사람의 여성으로서 그 이유를 물었다.

불법 촬영 편파수사를 규탄하는 혜화역 시위가 있었다. 주최측 추산으로 6만 명이 모였다고 한다.

기사로 봤다. 불거져야 할 문제가 터져 나온 것이라고 본다.

그런데 이 시위에 나온, 남성을 비하하는 구호들을 불편해하거

나, 잘못됐다고 말하는 반응이 많다.

표면적인 말들을 봐야 할 것이 아니라, 이 사건을 촉발시킨 차별을 봐야 한다. 성별에 따라 법이 어떻게 다르게 적용되고 있는지, 공기처럼 느껴지는 문화가 있지 않나. 여성들의 분노가 터져 나오게 만든 도화선이 거기에 있는 것이다. 그 사건이 왜 도화선이 되었는지 왜 사람들을 시위에 나오게 했는지를 봐야지.

혜화역 시위는 홍대 누드크로키 모델 사진 유포와 관련된 수사 과정이 도화선이 됐다. 이 사건은 어떻게 바라봐야 할까?

사실 홍대 누드크로키 모델 사진 유포와 관련된 수사는 사건 자체만 보면 경찰의 대응이 칭찬받을 만하다. 피의자를 빨리 잡았고, 불법 촬영물 유포는 나쁜 것이 맞다. 남자가 했든 여자가 했든. 불법 촬영물 유포는 인간이 인간을 향해서 모욕을 주겠다는 의도가 있는 거니까. 법은 그런 행위를 나쁘게 본다. 여자라서 구속된 것이 아니라 몰래 타인을 찍어서 그 영상이나 사진을 유포하기까지 하면 죄가 무겁다. 문제는 그간 남성들이 여성을 대상으로 했던 동종 범죄에 대해서는 수사기관이나 사법당국이 무감각했다는 것이다.

어떻게 무감각했던 것인지 구체적으로 듣고 싶다.

예를 들자면 불법 음란물 사이트 소라넷은 소라넷이라는 이름을 달고 있지 않다. 비슷한 이름으로 계속 서버를 옮겨 다니면서 만들어진다. 이런 사이트를 운영하는 이들은 오랜 기간 동안 법망을 피하는 노하우를 축적해왔다. 이런 불법 사이트를 원천적으로 폐쇄할 수 있는 방법이 현재로서는 없다. 이런 범죄는 예전엔 없던 신종 범죄 아닌가. 신종 범죄는 이렇게 수사하고 처벌한다는 새로운 관행을 만들어서 밀고 갔어야 하는데 그걸 못한 것이다. 예를 들어 몰래카메라 영상이나 리벤지 영상의 경우, 유포한 누군가가 증거를 없애기 전에 압수수색 했어야 하는데 그걸 과도한 대응이라고 생각한다. 그래서 유포자를 어렵게 잡아도 "내가 그랬다는 증거 있어?", "합의하에 같이 찍은 내 소유 영상이다"와 같은 반응을 만나게 되는 것이다. "이거 내 카메라 맞긴 한데 잃어버린 사이에 다른 사람이 찍었는지 어떻게 알아?"라고 피의자가 대응할 때, 이것을 수사하고 사실을 밝혀낼 수 있는 기법을 발전시켜야 한다. 경찰이 여성들을 몰래 촬영한 영상의 유출에 대해서 위험성을 판단해 압수수색 같은 것들을 고민했나? 하지 않았다면 적극적인 대처를 원했던 여성 입장에서 차별이라는 것이다.

구체적인 수사 기법이 어떻게 발전할 수 있는지 궁금하다. 방법이 있나?

과거에는 누가 어떤 범죄 행위를 하면 행위를 한 사람이나 그걸 시킨 사람이 그 범죄의 주체이자 범인으로 여겨지고 처벌받았다. 그런데 최근 불법 영상 유포와 관련된 범죄는 유포한 사람만이 아니라 해당 영상이 게시될 수 있도록 사이트를 운영하는 사람, 불법 행위임을 알면서도 웹하드를 제공하는 업체가 범죄 카르텔을 구성한다. 따라서 유포자 개인뿐만이 아니라 그것을 가능하게 하는 구조를 제공하는 사람들의 책임을 크게 물어야 한다. 그런데 그런 카르텔에 대해서는 수사를 안 하고 개별 업로드를 한 사람만 찾아 처벌하는 데 그쳐왔다.

게으른 법과 제도를 뛰어넘는 여성들의 연대를 지지하며

•

불법 촬영 영상물로 인해 여성들이 겪는 피해는 정말 치명적인데 이를 처벌할 근거가 되는 법과 제도의 발전은 더디다는 생각이 든다. 여성들이 화가 난 이유도 결국 그 때문이 아닌가.

영상이나 사진이 유출된 피해자가 어떤 고통 속에서 사는지 모르는 사람들이 그에 대해 제대로 이해하지 못한 채 정책을 고민하고 결정한다는 것도 문제가 있다. 국회나 수사기관에서 일하는 남성들 대다수가 여성들의 불안을 제대로 이해하지 못한다. 법원도 마찬가지이다. 그동안 여성이 피해자인 사건에서 수사나 판결이 어떻게 공정하지 않았는지는 가정 폭력, 데이트 폭력 문제를 법원이 어떻게 의율해왔는지를 보면 쉽게 알 수 있다. 그리고 이런 사실을 알았을 때 피해자의 박탈감이 상당하다. 이런 다양한 현실과 감정을 기반으로 혜화역 시위에 모인 6만 명의 몸짓과 목소리를 매우 의미 있게 보고, 지지한다.

이은의 변호사는 자신을 '싸움을 잘하는 변호사'라고 표현한다. 잘 싸우고, 또 많은 경우 승소한다는 것. 언뜻 보면 자만으로 보일 수도 있는 이 말은 그가 의뢰인을 어떻게 변론하는지 그 과정을 들여다보면 납득이 된다. 의뢰인인 성폭력 피해자가 2차 가해를 당하거나 재판 결과가 불필요하게 왜곡돼서 언론이나 대중들에게 신문받고 평가받을 것이 우려되는 재판에는 방청에 사람들이 오도록 독려하기도 하고, 재판 직후 언론 브리핑을 하는 것도 주저하지 않는다. 힘이 균형이 맞지 않는 지점에서 그 균형을 맞추기 위해서는 작은 힘을 가진 다수의 연대가 필요하다는 것, 그렇게 만들어진 힘의 영향력은 강력하다는 것을 이은의 변호사는 잘 아는 사람이 아닐까.

변호사 한 명과 직원 한 명이 있는 사무실인데, 둘이서만 일하는 것처럼 보이지 않는다. 사무실 밖의 더 많은 사람들과 연결되어 일을 해나간다는 느낌이다.

일하면서 만난 사람들과 꾸준히 일상을 공유하고 사회적 이슈에 대한 생각들을 공감하면서 나아간다. 내가 재판 당사자로 삼성과 소송 중일 때 만난 기자, 《삼성을 살다》라는 책을 쓸 때 함께 했던 편집자, 의뢰인이었지만 이젠 친구가 된 사람들 모두가 내가 맡은 사건을 자기 일처럼 걱정하고 고민해준다. 요즘엔 페이스북을 통해서 사건과 관련된 자료를 전해주는 사람도 있다. 모두 함께 일하는 동료라고 생각한다.

각자 어떤 역할로 동료가 되어주나?

활동가들은 자신의 소속이나 위치가 변하더라도 계속 연대하고 필요한 것들을 나눠준다. 의뢰인들은 지지자로 남아주기도 하고. 사건을 깊숙하게 취재했던 기자들과도 계속 교류한다. 내가 피해자를 변호하면서 고민하는 지점을 수사관이나 변호사 등 업계 관련자들에게 전해주고 도움을 주기도 한다. 편의를 봐주는 게 아니라 동료이자 조력자인 셈이다.

알고 보니 숨겨둔 직원이 많다. 이것도 이은의 법률사무소의 특징이 아닐까?

나랑 닮은 거지. 일단 같이 놀고 친구가 되는 것. 공감할 만한 사건이 있다면 각자의 자리에서 함께 일하며 목소리를 내는 것.

이은의 법률사무소의 앞으로는 어떤 모습일까? 앞으로 꼭 이루고 싶은 것이 있나?

변호사를 늘려 펌이 되고 싶은 꿈은 없다. 함께 어울리고 일할 수 있는 안팎의 사람들이 늘어나면 좋겠다는 생각을 한다. 그저 사람이 많은 단체가 아니라 각각의 재능으로 자기 영역의 문제를 풀어나가는 사람들이 오밀조밀 모여서 함께 일할 수 있는 구조를 상상하고 있다. 그렇게 모여 있을 때 서로 시너지를 낼 수 있으면 좋겠다. 서로 도우며 나는 나의 일을, 그들은 그들의 일을 할 수 있는 구조와 공간을 상상한다.

인터뷰 후, 이은의 변호사를 다시 본 것은 신문기사에 실린 사진에서였다. KBS 사내 성폭력 피해 호소인을 무고죄로 기소한 검찰이 중요한 증거가 될 수 있는 자료를, 재판부에 제출하지 않은 사실을 비판하는 기자회견 자리였다. 그는 성폭력 피해자에서 무고 가해자가 된 그의 의뢰인 옆에 든든히 서서 기자회견을 진행하고 있었다. 이은의 변호사는 "성폭력 피해자를 무고죄 전과자로 전락시키는 일에 검찰이 적극 가담·방임하고 있다"며 검찰을 강하게 비판했다. 전과 다름없이 그는 여전히 의뢰인이 가장 신뢰할 수 있는 주변인으로 자기 역할을 다하고 있었다.
앞으로 그는 자신의 의뢰인과 먼 길을 가야 한다. 기자회견을 했다고 해서 문제가 바로 해결되는 것도 아니고, 항소심이 끝나기까지는 더 많은 시간이 걸릴 것이다. 하지만 나는 그가 의뢰인의 손을 꼭 잡고 그의 어두운 인생을 함께 걸어 나가고 있음을 안다. 그 길에 함께할 사무실 밖 동료가 필요하다면 기꺼이 그의 동료가 되어보겠다고 문득 다짐하게 됐다.

○

불의에 맞서는 여성들의 시대,

작은 힘을 보태는 움직임

02

○

최하란

스쿨오브무브먼트 공동대표

최하란

○

스쿨오브무브먼트 공동대표

대학에서 철학을 전공하고 잘나가는 학원 강사로 일했다. 스물여섯 살이 되던 해, 몸에 이상 증세가 찾아왔다. 건강을 회복하기 위해 요가를 배웠고, 그것이 인생의 터닝 포인트가 됐다. 덕분에 운동이 삶에 미치는 긍정적인 영향을 깊이 깨닫고 안정적인 수입을 보장하던 입시 교육 시장을 떠났다. 요가 강사로 활동하면서 점점 더 '움직임'의 가치와 매력에 끌렸다. 2010년 스쿨오브무브먼트를 열고, 한국 최초로 대중적인 케틀벨 교육을 시작했다. 이후 복합적인 움직임이자 대인운동이며 셀프 디펜스(Self Defence, 호신)의 가치도 있는 '크라브 마가'를 알게 됐고 세르비아, 덴마크, 이스라엘, 체코, 독일, 중국, 호주 등에서 배웠다. 지난 6년 동안 자신을 효과적으로 방어하는 셀프 디펜스 기술로서 크라브 마가의 매력을 널리 알리고 있다. 특히 폭력 상황에 취약한 여성, 아동, 청소년, 서비스 분야 노동자 등 사회적 약자들에게 자신을 보호하는 작은 기술로서 셀프 디펜스를 전하는 데 열심이다.

○

집에 들어가는 시간이 평소보다 늦어지면 골목을 걷는 발걸음이 빨라진다. 목표는 단 하나. 알 수 없는 공포를 느끼게 하는 이 어두운 길을 빨리 지나가 무사히 집에 도착하는 것. 매번 집에 들어갈 때마다 이런 공포를 느낀다는 것이 이상하지만, 여성들의 안전은 그 이상함이 이상하지 않을 만큼 보장되지 않는다. 내가 떠올리는 그 두렵고 무서운 순간이 나에게 찾아오면 나는 그 순간에 무엇을 어떻게 해야 할까. 늘 긴장하며 나에게 닥칠 위험을 상상하지만 정작 내게는 그 상황을 모면할 기술이나 전략이 없다는 것을 문득 깨달았다. 밤길은 위험하니 조심하라는 말은 수없이 들어왔지만 그 순간 내가 어떤 행동을 취해야 하는지는 배운 적이 없었다. 모두들 이런 순간을 어떻게 대비하고 있는 것일까.

인터넷 검색을 하다가 '여성들을 위한 셀프 디펜스'라는 수업이 있다는 것을 알게 됐다. 영상 속에서 셀프 디펜스 훈련에 임하고 있는 여성들의 모습은 즐거워 보였다. 과연 여성들에게 셀프 디펜스라는 것은 무엇일까. 몇 번의 수업만으로 우리는 우리 스스로를 지킬 수 있는 존재로 거듭날 수 있을까. 영상 속에서 학생들을 가르치고 있는 셀프 디펜스 훈련 전문가 스쿨오브무브먼트의 최하란 대표로부터 그 답을 구할 수 있을 것도 같았다. 합정동에 있는 스쿨오브무브먼트 근처 카페에서 그를 만났다.

스쿨오브무브먼트를 시작하기 전에 어떤 일을 했나?

대학을 졸업하고 처음 한 일은 학원에서 중학생과 고등학생을 대상으로 국어와 논술을 가르치는 일이었다.

요가는 어떻게 시작하게 된 것인가?

20대 중반에 갑자기 몸이 너무 아팠다. 계속 피곤하고, 목 통증이 심해서 가슴까지 그 통증이 내려왔다. 그래서 병원에 갔더니 "목뼈의 정렬이 좋지 않아서 디스크가 눌리고 있으니 그걸 교정하자"는 말을 들었다. 카이로프랙틱 치료(약물이나 수술을 사용하지 않고 신경, 근골격계를 복합적으로 다루는 치료)를 받으면서 많이 좋아졌다. 심각한 통증이 줄어들고 나니까 내가 원래는 이렇게 아프지 않았는데 아프게 된 것이라면 잘못된 부분을 찾아 스스로 무엇인가 해보고 싶었다. 당시 요가가 조금씩 유행하고 있었고 나도 동네 백화점 문화센터에서 요가 수업을 듣기 시작했다. 그때 굉장히 좋았다. 일주일에 한 번씩 하다가 횟수를 늘리고 싶어서 전문

요가원을 다녔다.

본격적으로 요가 지도자의 길을 걷게 된 계기는 무엇인가?

결혼하고 남편과 함께 요가를 계속했다. 또 바로 집 앞에 공원이 있어서 매일 공원 트랙을 달렸다. 비가 너무 많이 쏟아질 때에는 아파트 1층에서 17층까지 계단을 뛰어다녔다. 생계를 위해 학원 강사 일을 계속했지만, 삶을 즐기고 밸런스를 맞추게 해준 것은 요가와 달리기였다. 그런데 어느 날, 요가원에서 요가 지도자 과정을 모집한다는 공고를 붙여놓은 것을 봤다. 뭘 하나 들여다봤더니 요가 철학, 요가의 수련법, 요가의 역사 같은 것을 함께 배운다고 했다. '이거 참 좋겠다'고 생각했다. 아이들 입시를 관리하는 일을 오래하고 싶지는 않았다. 나중에 언젠가 기회가 되면 나도 요가를 가르치면서 살고 싶다는 생각을 막연히 했다.

요가 지도자 과정을 끝내고 얼마 있다가 요가원 원장님이 전화를 하셔서 "하란 선생님은 지금 월급을 얼마 받으시나요?"라고 물으셨다. 그래서 당시 받았던 월급을 말씀드렸더니 "제가 그만큼은 드릴 수가 없는데"라고 하시더라. 처음엔 무슨 말인지 몰랐는데, 나를 그 요가원의 강사로 섭외하려고 전화하신 것이었다. 그때가 한창 연예인 옥주현 씨가 요가를 하면서 살을 뺐다는 소문이 나서 요가 붐이 일던 시기였다. 그 붐을 타고 요가원을 확장하게 됐고, 요가 강사가 필요하셨던 터였다. 일자리를 제안하시고 "제가 시간을 좀 드려야겠죠?"라고 물으시는데, 바로 하겠다고 말씀드렸다.

마음의 방향을 따른 커리어의 전환

•

생각지도 못한 제안이었을 텐데 어떻게 금방 결심이 섰나?

돈보다는 하고 싶은 것을 해야겠다고 생각했다. 아까 말했듯이 사교육 시장에 오래 있고 싶었던 것도 아니었고. 일단 학원에 업무 마무리를 하겠다고 말씀드리고 학원 일을 정리할 시간을 가진 후 바로 요가원 일을 시작했다.

요가원 원장님이 왜 갑자기 전화를 하셨을까. 평소 요가 지도자를 하고 싶다는 말을 꺼낸 적이 있나?

그렇지는 않다. 왜 그러셨는지 나도 정확히는 알 수 없다. 다만 내가 뭔가를 해야지 싶으면 좀 열심히 하는 편이다. 빠지지 않고 꾸준히 한다. 그게 마음에 드시지 않았을까. 또 수련을 하면서 요가가 내 삶에 미치는 영향이나 변화에 집중하고 명상하는 것도 즐거워했는데 그 부분도 잘 보신 것 같다. 요가 자세를 잡는 데에만 그치는 것이 아니라 요가가 주는 자각을 이 친구가 이해하고 있다고 보셨던 것이 아닐까.

요가 강사로 커리어를 새롭게 시작하게 된 최하란 대표는 요가원에서 2년간 일하다가 프리랜서 요가 강사가 된다. 정적이고 명상이 주가 된 요가를 하던 그는 '빈야사 요가'라는 좀 더 다이내믹한 요가의 조류를 알게 되었고 곧 배우기 시작했다. 이즈음 한국 무술인 택견도 열심히 수련해 대회에 나가 곧잘 입상도 했다. 2006~2007년 무렵부터는 국내에 조금씩 알려지기 시작한 크로스핏이나 케틀벨 운동 등 이른바 기능성 트레이닝을 시작했다. 그리고 2008년 2월, 요가 지도자 과정과 일반인 수련 과정을 함께 운영하는 가이아 요가원을 열게 된다.

가이아 요가원이 다른 요가원과 다른 점이 있었나?

일반 요가원은 요가 수련을 위해 바닥에 마루를 깔고 난방이 되게 한다. 하지만 우리는 다이내믹하게 쓸 수 있도록 바닥에는 매트를 깔고, 천장에는 체조 링과 밧줄, 철봉을 달았다. 벽에는 스톨 바를 설치했고, 체조 평행봉과 케틀벨, 줄넘기 등을 놓았다. '기초체력'이라는 프로그램도 만들었다. 요가뿐만 아니라 체력 운동을 할 수 있게 다른 요가원들과는 조금 다른 시도를 한 것이다.

다른 시도를 한 이유는 무엇인가?

요가 지도자 과정을 할 때 현직 요가 선생님들이 나한테 배우러 왔는데 이미 강사인 그들이 나를 찾아온 이유는 "저 선생님은 다치지 않게 잘 가르친다"는 것이었다. 당시 유행하기 시작한 빈야사 요가, 아쉬탕가 요가 등 이른바 '파워 요가'를 하다가 팔꿈치를 다치거나 손목을 다치거나 하는 강사들이 많았다. 왜냐하면 코어(몸의 중심)를 잘 사용하지 못하면 특정 자세를 할 때 팔로만 무게가 가기 때문이다. 그러다 보니 다치게 된다. 만약 학생이 다치면 강사는 더 곤란해진다. 당시에 내가 〈요가 저널〉이라는 해외 잡지를 구독했는데, 번역해서 선생님들과 나눴다. 잡지 안에 '요가 아나토미'라는 챕터가 있었는데 그걸 가지고 함께 공부했다. 제대로 몸을 교정하고 정렬하면서 다치지 않게 요가 하는 것을 중요하게 생각했다. 그러면서 요가 외에 다른 체력 운동도 필요하다고 생각했다. 요가는 좋지만 요가만으로는 부족하다. 그래서 '기초체력'이란 수업을 함께 진행했다. 헬스장처럼 많은 도구가 필요 없이 몸의 중심을 잡고 기초체력을 기를 수 있는 운동이 케틀벨 운동이다. 요가 매트 한 장을 깔 수 있는 정도의 공간에서 할 수 있는 운동이다. 이런 점이 요가랑 잘 어울린다고 생각했다.

스쿨오브무브먼트의 초기 프로그램과 비슷하다. 케틀벨 운동은 어떻게 시작하게 됐나?

케틀벨 운동을 알게 되고 전문적으로 하고 싶어 찾아봤다. 그런데 제대로 된 자격증을 가지고 가르치는 사람이 당시 우리나라에 없었다. 케틀벨 운동을 현대적으로 정리한 사람이 누굴까 찾아보니까 '파벨Pavel'이란 사람이 검색됐다. 먼저 아마존에서 그가 쓴 책을 구입해서 봤다. 남편과 함께 책을 보면서 따라했는데, 내용이 잘 정리돼 있고 핵심을 잘 짚고 있더라. 그래서 그에게 케틀벨 운동을 배우러 갔다. 2009년에 남편이 먼저 미국에서 자격증을 따고, 나는 2010년 헝가리에서 자격증을 땄다.

'운동'과 '움직임'을 재정의하다

•

전통 요가에서 빈야사 요가로, 거기서 또 케틀벨 운동으로 운동의 영역이 점점 확장된다. 새로운 운동의 종류나 흐름은 어떻게 접하나?

우선 관련된 책을 사서 읽고, 책 내용이 좋으면 그와 관련된 DVD도 있는지 검색했다. 당시는 요즘처럼 유튜브 시대가 아니라 DVD가 주류였던 시절이다. DVD를 봤을 때, 그 사람의 운동 자세나 퍼포먼스가 괜찮고, 설명 방법도 좋다면 나름 검증이 된 것이라고 판단했다. 그럼 그에게 배우러 떠나는 것이다. 세미나를 하든, 자격증 과정을 하든, 대부분 자신이 하는 운동을 가르치는 프로그램을 운영한다. 그것을 언제 어디에서 하는지 찾아보고, 준비를 하고, 배우기 위해 떠났다. 거의 다 이런 식으로 시작했다.

대개 요가는 여성적이고 정적인 운동, 케틀벨은 남성적이고 활동적인 운동으로 여겨진다. 구글에서 '케틀벨'을 검색했을 때와 '요가'를 검색했을 때 이미지로 검색되는 성별이나 사진의 분위기를 보면 이러한 차이를 확연히 느낄 수 있다. 한 장소에서 공존하기엔 타깃이나 성격이 대비되는 두 운동. 하지만 스쿨오브무브먼트는 움직임 건강이란 관점에서 이 두 가지의 운동이 공존할 필요를 주장했다. 우리에겐 회복을 위한 이완도 필요하고 또 힘을 내기 위한 긴장도 필요하기 때문이다. 인간의 타고난 자질인 움직임에 매혹된 스쿨오브무브먼트의 두 대표는 두 가지의 운동이 한 공간에 존재하는 새로운 형태의 체육관을 만들어냈다. 이렇게 2010년 5월 스쿨오브무브먼트가 시작됐다.

스쿨오브무브먼트라는 이름은 어떻게 짓게 됐나?

운동 기술을 교육하는 학원이나 다이어트 센터처럼 운영되는 피트니스 센터를 하고 싶지는 않았다. 사람들이 건강하게 사는 데 실제로 도움을 주고 싶었다. 사람들이 스쿨오브무브먼트에 와서 건강한 삶의 단초를 가지고 갔으면, 더 나아가 쉽게 무너지지 않는 건강을 얻었으면 좋겠다고 바랐다.

무너지지 않는 건강이라는 것은 무엇일까?

사실 운동은 인간이 개발한 것이다. 스포츠도 그렇고. 그런데 한국에 사는 성인들은 그마저도 운동이라면 주로 웨이트 운동, 요가, 수영, 자전거 타기, 마라톤 정도를 떠올린다. 하지만 인간에게는 더 근원적인 움직임, 더 고유한 움직임이 있다. 인간의 삶을 연결하는 움직임들이. 제대로 걷기, 뛰기, 던지기 등 좋은 움직임이 있는데 성장기 동안 하루 종일 의자에 앉아 지내다가 어른이 되어서도 장시간 노동과 생존 경쟁에 시달리면서 나쁜 움직임이 강화되는 것이다. 그런데 운동까지도 성과주의로 접근하니까 빨리 그만두게 된다. 내 이야기는 움직임 건강을 회복하는 것을 가장 기본으로 삼자는 말이다. 사람들이 기본적인 움직임 건강을 회복하는 것을 바탕으로, 일상생활보다 더 역동적인 활동을 장기적으로 즐겼으면 한다. 물론 한국에서 이런 생각을 바탕으로 운동 공간을 운영한다는 것은 정말이지 어렵다. 다들 저녁이 없는 삶 아닌가. 다들 너무 바빠서 운동하기가 정말 어려운 사회이다.

그래서 회사 이름에 '무브먼트'가 들어간 거네. 그러면 스쿨, 그러니까 왜 '학교'라고 부르게 됐나?

우리가 스쿨오브무브먼트를 만들 당시, 큰돈을 들여서 비싼 기구들을 갖춘 피트니스 센터나 소수 교육을 추구하는 1:1 퍼스널 트레이닝 숍이 유행했다. 하지만 우리는 현대인들이 너무 고독하게 운동한다는 문제의식을 가지고 있었다. 삶도 고독한데, 왜 운동할 때조차 고독해야 하지? 원인을 생각해보니까 뭔가를 달성해야 한다는 압박이 그렇게 만들고 있더라. 기록이든 몸매든 명성이든 경쟁력 있게 자신을 관리하겠다는 마인드 때문이든. 하지만 인간은 결코 혼자 생존할 수 없다. 서로 유대관계를 맺으면서 에너지를 주고받고, 또 실질적인 도움을 주고받으면서 살게 된다. 운동이라는 것도 여럿이 함께하다 보면 서로 발전할 수 있는 진짜 교육의 장이 될 수 있다. 그래서 '스튜디오'나 '짐Gym'이 아니라 '학교'라고 이름을 정했다. 우리는 회원이라는 명칭 대신 학생이라고 부른다.

가르치는 분들도 다방면에 호기심을 가지고 찾아보고, 연구하고, 배워서 그것을 전수한다는 면에서 선생님이라는 말이 잘 어울린다.

그것을 원했다. 선생이라는 위치는 학생을 가르치기 때문에 일종의 권위가 생긴다. 그러나 동시에 압박과 책임이 따르는 불편한 자리이기도 하다. 대충 때우고 자기 발전을 멈춰버리고 싶어도 그럴 수가 없는 자리이다. 선생 자신이 계속 수련하고 연구하지 않는다면, 학생들을 리드할 수 없다. 무엇보다 먼저 자신의 자존감부터 떨어질 것이다. '움직임의 학교'라는 이름은 콘텐츠 즉 내용이 한정되지 않는다는 장점도 있다. 덕분에 우리는 우리가 할 수 있는 수준에서 시작할 수 있었다. 우리가 아는 수준, 할 수 있는 수준이 변하면 그 만큼 우리가 운영하는 학교도 변해가면 된다. 한마디로, 열린 구조이다. 그러니까 우리의 생각과 능력이 변화하는 만큼 학교도 얼마든지 변해갈 수 있다.

남편인 정건 선생님과 함께 공동대표 체제로 회사를 운영하고 있다고 들었다. 공동대표 체제는 어떻게 만들게 된 것인가?

학교를 잘 이끌어가려는 하나의 방법이었다. 큰 지점에서 합의를 하고 같이 운영하지만, 서로 다른 사람이라서 생각이 똑같을 수는 없다. 아무리 비슷한 생각을 하고 있더라도 세부적인 부분에서는 이견이 있을 수 있다. 그런데 '우리에게 뭐가 필요하지'라는 질문에 답하는 과정에서 서로의 생각이 다르다면, 투표해서 다수결로 정할 수가 없지 않나. 둘에게 각각 한 표씩 있으니 불가능하다. 그래서 '둘의 생각이 다르다면 둘 다 동의한 것만 시행하자'고 했다. 그러나 만약 반드시 해야 한다고 생각한다면, 상대가 동의할 수 있을 때까지 설득해야 한다. 내가 왜 이렇게 바꾸고 싶은지 토론하고 설득해야 한다. 덕분에 피곤하지만 정리는 잘 된다. 의견 차이가 있는 내 파트너를 설득할 수 있다면, 다른 사람도 설득할 수 있을 것이다. 반대로 어떤 사안에 있어서 의견이 비슷하다면 더 확신이 생긴다. 그러면 곧바로 어떻게 하면 더 잘할 수 있을지 의논한다. 이렇게 하면 운영의 안정성도 확보되지만, 동시에 기동성도 좋아진다.

크라브 마가와의 만남

•

요가와 케틀벨 운동을 기본으로 한 프로그램을 운영하다가 크라브 마가 Krav Maga**라는 새로운 과정을 도입했다. 이유가 무엇인가?**

핵심은 '움직임' 때문이었다. 요가는 자각을 배우게 한다. 우리가 어딘가로 이동할 때 순간 이동을 해서 딱 어디에 나타나는 것이 아니라 우리의 움직임이 쌓여서 목표로 한 장소에 도달한다. 하지만 우리가 일상의 모든 과정들을 다 알아차리면서Mindful 살아가지는 않는다. 그런데 내 몸과 마음의 상태를 들여다보고 그것이 내게 어떤 영향을 미치는지 자각하는 삶과 그렇지 않은 삶은 확실히 다르다. 집중하고 자각하는 것이 요가의 핵심이다. 우리가 가르치는 케틀벨 운동은 몸의 중심을 사용하는 방법을 알려준다. 이것은 현대

> 인들이 회복해야 할 기본 움직임 중 하나이다. 그러나 단선적인 움직임이라는 약점이 있다. 보통 우리가 아름답다고 느끼는 움직임은 더 복합적이다. 피겨선수가 스핀을 돌거나 야구선수가 홈런을 치거나 축구선수가 멋지게 공을 차는 것은 두 발로 서는 인간만이 할 수 있는 움직임이다. 단선적인 움직임 말고 인간이 만들어낼 수 있는 복합적이고 아름다운 움직임. 요가나 웨이트 운동과는 구별되는 영역이다. 그런 복합적인 움직임 영역으로 나아가게 됐다. 게다가 크라브 마가는 배웠을 때 셀프 디펜스 능력까지 얻을 수 있고, 함께할 동료들이 필요한 대인운동이라서 스쿨오브무브먼트에서 원했던 여럿이 함께하는 운동으로도 알맞았다.

최하란 대표는 요가와 케틀벨 운동에 머무르지 않고 복합적인 움직임이 가능한 운동을 찾기 시작했다. 요가, 수영, 마라톤, 웨이트 운동처럼 자신의 몸과 움직임만 다루는 것이 아니라, 다른 사람들의 몸과 움직임, 심리까지 다루고 상황과 조건에 맞게 행동을 결정하는 과정까지 망라한 크라브 마가를 배우고 가르치기 시작했다. 특히 스쿨오브무브먼트라는 공간 밖으로 나아가 다양한 직업과 연령과 지역의 사람들을 만나며 셀프 디펜스 교육을 하게 됐다.

크라브 마가라는 운동은 어떻게 설명할 수 있을까?

크라브 마가는 좋은 운동이기도 하지만, '나를 지키기 위한 모든 것'이라고도 설명할 수 있다. 그러니, 무술이라는 표현은 적합하지 않다. 창시자는 '이미 리히텐펠드Imi Lichtenfeld'라는 사람이다. 그는 1930년대 동유럽에서 복싱과 레슬링 챔피언으로 유명했다. 하지만 동시에 나치 청년 조직들에 맞서서 수많은 길거리 싸움들을 이끌어야 했다. 그 과정에서 폭력 상황을 해결하는 아주 단순하고 효과적인 해법들을 만들어내게 됐다. 1940년대 나치가 유럽을 장악하면서 그는 결국 1942년 이스라엘로 피신해야 했다. 그때부터 크라브 마가는 이스라엘군에 보급됐고, 1960년대에는 다시 일반 시민들에게까지 전파됐다. 당시에는 시민을 위한 셀프 디펜스라는 개념이 매우 독특한 것이었다. 그전까지의 셀프 디펜스는 거의 두 가지 종류였다. 첫째는 서로 결투를 하는 것이다. 갈등이 생긴 두 사람이(거의 두 남자였을 것이다) 서로 목숨을 걸고 결투를 해서 갈등을 조정하고 해결했다. 또 다른 하나는 귀족이나 상인의 재산을 지키는 호위 무사들의 활동이었다. 그러므로 경찰도 아니고, 무장하지 않은 일개 시민이, 그것도 심지어 사회적 약자(여성, 아동 등)가 스스로 자신을 지키려는 기술이나 그에 관한 방법론은 정말 독특하고 매우 현대적인 것으로 여겨졌다. 이와 같은 개념은 1930년대에 크라브 마가를 통해서 비로소 처음 등장했고, 1970~1980년대 전 세계로 퍼져나가기 시작했다.

복합적인 움직임을 배운다는 것 이외에 크라브 마가가 가지는 매력이 또 있었나?

모두에게 좋지만, 특히 여성들에게는 전에 없던 경험을 제공한다는 의미가 있다. 여성으로서 크라브 마가를 배우는 동안 내가 이것을 잘 배워서 교육할 수 있는 수준이 되면 다른 여성들에게 많은 도움이 될 수 있을 것이라고 생각했다. 전 세계적으로 여성들이 폭력에 더 취약하지 않나. 게다가 한국에서는 여성들이 격렬한 대인운동을 할 수 있는 기회가 너무 적다. 외국에서 운동을 배우면서 다른 나라 여성들과 이야기를 나눠보면 그들은 어릴 때부터 무술도 많이 하고, 공놀이도 많이 해서 대인운동에 익숙한 편이다. 그래서 몸의 긴장감이나 스릴, 몸싸움에도 익숙한데, 한국의 여성들은 그런 경험이 너무 없다. 그래서 셀프 디펜스를 한국 여성들이 경험하면 좋은 기술도 배울 수 있지만, 그동안 경험하지 못한 대인운동의 즐거움과 이로움을, 심지어 해방감도 느낄 수 있겠다고 생각했다. 실제로도 그랬다.

폭력 예방 교육이라면 폭력에 노출되지 않는 방법을 주로 다루는 것인가?

크게 두 가지이다. 내가 정리한 개념인데, 하나는 부당한 폭력에 대한 예방 교육이다. 혹시라도 자신이 부당한 폭력의 가해자가 되지 않도록 하는 교육이다. 성희롱 예방 교육이나 성폭력, 가정 폭력 예방 교육이 여기 속한다. 방어 목적이 아닌 파괴적 싸움을 예방하는 교육도 포함된다. 다른 하나는 쉽게 말해서 그 반대로 폭력의 피해자가 되지 않게 하는 교육이다. 폭력 상황을 예방하는 연습을 하거나, 이미 내가 그 피해를 받았거나 영향력 아래 있는 경우라면 더 안전해질 수 있는 방법을 배우고 연습하는 것이다.

도망은 도망이나 치는 것이 아니다

•

셀프 디펜스와 호신술은 어떻게 다른가? 보통 호신술이라는 말을 더 많이 쓴다.

맞다. '호신술'이라는 말을 가장 많이 쓴다. 말 그대로 자신을 보호하는 기술이란 뜻이다. 그리고 '자기 방어'라는 말도 쓴다. 그러나 나는 '셀프 디펜스'라는 말을 쓴다. 이 명칭을 더 좋아한다. '스스로 나를 지킨다'는 의미에서는 호신술, 자기 방어, 셀프 디펜스 모두 같다. 그러나 호신술은 무술의 이미지가 강해서 어렵겠다는 느낌, 강해져야 될 것 같은 느낌이 있다. 반대로 자기 방어는 '자기 방어 기제'라는 심리학 용어가 널리 쓰이고 있어서 뭔가 수동적인 느낌이 든다. 물론, 셀프 디펜스라는 이름에도 단점이 있다. 외국어라는 점이 단점이다. 그렇지만 앞선 두 가지 이름에 없는 장점이 있다. '정당방위'가 영어로 셀프 디펜스이다. 그래서 셀프 디펜스라는 명칭은 '스스로 자신을 지킨다', '그것은 반드시 정당방위여야 한다'는 두 가지 중요한 의미를 모두 담고 있다. 그래서 이 명칭을 더 좋아한다. 앞에서도 말했지만, 현대 이전 시대에는 결투를 하지 않았나. 내 명예나 지위 등을 지키기 위해 상대를 무조건 다치게 하거나 죽여야만 했다. 하지만 현대 사회에서 그것은 정당방위가 아니다. '날 지키려고 그랬어'라는 말에 무조건 정당성이 부여될 수는 없다. 사회적으로 할 수 있는 일, 하지 말아야 할 일을 구분하는 합리적 기준이 있어야 한다. 그래서 정당방위가 매우 중요하다. 예를 들어 누군가 성희롱을 했다면 "성희롱입니다. 하지 마세요" 하고, 자리를 피하는 것이 적절하다.

방어라고 하면 막연히 몸으로 부딪혀야 하거나 적극적으로 상대와 대면하는 것이 아닐까 생각했다. 하지만 자리를 피하는 것이 방어라니 좀 새롭다.

도망은 그냥 도망이나 치는 것이 아니다. 기술적이고 전술적인 선택이다. 위험 상황, 폭력 상황은 모면하고 회피하는 것이 가장 좋다. 싸움이나 저항이 아니라 회피가 최고의 미덕이다. 회피를 위해서도 말과 행동이 필요하다. 방어와 반격은 모면하거나 회피할 수 없는 상황에서 필요하다. 어떤 도망인지도 중요하다. 폭력 상황에 처한 A와 B가 있다. A는 폭력 상황에서 도망치는 것 말고는 자신이 아는 것이나 할 수 있는 것이 없어서 도망쳤다. B는 같은 상황에서 자신이 알고 있고 할 수 있는 것들 중에서 도망치는 것이 가장 안전하다고 판단하고 도망쳤다. A와 B는 결과적으로 모두 도망쳤지만 B는 A보다 도망쳤다는 사실 때문에 좌절감을 느낄 가능성이 매우 낮을 것이다. 반면에 A는 B보다 폭력에 대한 막연한 두려움이 커질 가능성이 더 높을 것이다. 많은 사람들이 '도망'이라는 말에서 비겁하거나 부끄러운 행동 또는 무능력을 연상한다. 그러니 '회피', '탈출', '피신'이란 말로 바꿔보자. 폭력 상황을 회피하기, 위험 상황에서 탈출하기, 안전한 곳으로 피신하기는 결코 무능력한 행동이 아니다. 내가 주체적으로 판단하고 선택하는 전술적인 행동이다. 셀프 디펜스는 단지 육체적으로만 자신을 지키는 것이 아니다. 오히려 더 많은 경우 정신적으로 자신을 지키고 보호한다. 주체적인 판단과 결정이 정신적으로 더 긍정적이다.

사회적인 영향도 있는 것 같다. 우리는 늘 여성은 누군가가 지켜주어야 하고, 도움을 요청해야만 하는 존재로 교육받고, 그런 문화 속에 자라지 않았나?

많은 여성들이 셀프 디펜스의 개념을 모르고 또한 배운 적도 없지만 실제로 자신을 지키기 위해 행동해왔다. 그러나 언론은 피해를 당한 사람, 죽은 사람만 보여준다. 피해 생존자가 어떻게 대응했는지에는 관심이 없다. 과연 강간범이 강간을 시도하려다가 '아, 내가 이러면 안 되지' 하고 생각해서 강간 미수로 종결됐겠는가. 피해를 입을 뻔한 여성이 뭔가 했기 때문에 강간 시도가 실패한 것이다. 실제로 성폭력 실태조사 결과를 보면 피해 상황에 닥친 여성들이 '애원했다', '소리 질렀다', '협박했다', '속였다', '도움을 요청했다', '뛰어서 도망갔다', '저항하고 싸웠다' 같이 다양하게 대처했음을 알 수 있다. '아무것도 하지 못했다'라는 응답률은 훨씬 적다. 위험한 상황을 벗어나기 위해 무엇인가 행동한 경우가 훨씬 더 많다. 미국에서 발표된 통계에 따르면, 성폭행 시도의 75퍼센트가 성공적으로 저지된다. 언론은 이런 사실들에 관심이 없다. 혐오스럽고 등골이 오싹해지는 단어들을 선별해서 헤드라인에 집어넣고 자극적인 부분을 상세하게 묘사하는 데에만 열을 올린다.

여성들이 스스로를 지키기 위해 가장 중요한 것은 무엇인가?

셀프 디펜스나 호신술이나 자기 방어보다 비교할 수 없을 정도로 중요한 것이 있다. 바로 사회를 바꾸는 것이다. 폭력은 불평등과 차별을 먹고 자란다. 차별과 불평등은 사회적인 토대가 있다. 셀프 디펜스는 개인적 대책에 불과하다. 개인의 한계는 너무 명확하다. 범죄나 폭력의 근원에도 개인의 이상 심리가 아니라 사회적 원인이 있다. 그러므로 차별, 억압, 소외, 불평등을 줄이는 것이야말로 폭력과 범죄를 줄일 수 있는 가장 확실한 예방법이다. 셀프 디펜스, 아니 다른 어떤 것도 이보다 효과적일 수 없다.

사회의 변화가 필요하지만 그 걸음이 늦다. 이런 상황에서 우선 우리가 스스로를 지켜야 한다고 할 때, 알아두어야 할 것은 무엇인가?

먼저 인간은 위험한 순간에 얼어붙는 존재라는 것을 알아야 한다. 우리에겐 생존 본능이 있고 그 본능에 따른 반응이 있다. 대표적인 것이 '투쟁-도피 반응Fight or Flight response'이다. 1915년에 월터 캐넌Walter Cannon이라는 의학박사가 정의한 현상이다. 위험한 상황에 처했을 때 싸울 것인지 도망갈 것인지를 결정하고 실행을 준비하는 인간의 반응을 설명한 이론이다. 그런데 도망도 못 가고 싸우지도 못 하고 아무것도 못 하는 순간도 있다는 것을 나중에 발견했다. 뇌가 정보를 처리하는 데에 시간이 걸리기 때문이다. 이것을 '얼어붙음 반응Freeze response'이라고 한다. 그래서 이 세 가지를 아울러 '3F 반응'이라고 한다. 강한 스트레스를 받으면 인간을 포함한 모든 동물들이 순간 얼어붙는다. 생각이 멈추고 몸이 굳어버리는 것이다. 갑자기 누군가 나를 향해 성희롱 발언을 하거나 내 몸을 만지거나 하면, 순간 멈칫하고 바로 반응을 할 수 없는 이유이다. 심지어 특수부대 정예 요원들에게도 이 얼어붙음 반응이 있다. 그들이 하는 훈련의 목적은 이 시간을 최대한 줄이는 것이지 아예 없애는 것이 아니다. 그런데 이런 생리 현상을 이해하지 못하면 '내가 왜 그때 가만히 있었지', '왜 아무것도 하지 못했지'라며 계속 자책하게 된다. 성폭력 사건을 재판하는 법정에서도 피해자에게 "왜 그때 아무것도 안 하셨습니까, 뭘 하셨어요?"라고 묻는데, 과학적으로도 틀린 질문이다. 위험 상황에서 생각이 멈추고 몸이 굳는 것은 자연스러운 생리적 반응이다. 그래서 이것을 꼭 이해하고 있으면 좋다. 그러면 자책하지 않을 수 있다. 그리고 지금 내가 얼어붙은 상태라는 것을 이해하면 덜 당황하고 더 일찍 방어 행동에 나설 수 있다.

방어 행동에 대해 구체적으로 설명해달라.

경계 설정, 제스처(비언어)와 언어 테크닉 사용, 회피와 모면 등이 기초적인 대응 요소들이다. 그리고 육체적인 방어 기술, 거리나 각도상으로 가해자와 멀어지는 법, 이동과 피신의 기술 등을 배우고 나면, 어떤 형태로든 시뮬레이션 훈련을 한다. 셀프 디펜스 훈련은 일종의 재난 대비 훈련과 같다. 달리 말하면 셀프 디펜스 교육은 망치, 드라이버, 펜치의 사용법을 알려주는 것과 비슷하다. 우리는 모두 기본적인 셀프 디펜스 능력을 갖고 있지만 사용법을 모르거나 써본 적이 없을 뿐이다. 망치, 드라이버, 펜치의 사용법을 알게 되고 연습을 해보면, 나사를 조이거나 못을 박는 일쯤은 쉽게 할 수 있는 것처럼 셀프 디펜스도 배우고 나면 쉽게 할 수 있다. 아는 것의 힘은 강하다. 그래서 우리가 폭력에 대해 알아야 하는 것이다. 알지 못할수록 막연한 두려움과 불안감은 더 커진다. 그리고 연습도 필요하다. 문제 상황을 설정하고, 해결 과정을 연습해보는 것은 독감 예방주사를 맞는 것과 비슷하다. 대신 그것보다 훨씬 유쾌하고 즐겁다. 기억은 즐겁고 활력 넘치는 것이어야 오래간다. 그래서 셀프디펜스 교육을 할 때 여러 가지 즐겁고 웃음이 넘치는 게임들도 활용한다.

요즘 가정 폭력 사건 보도가 자주 된다. 얼마 전에는 가정 폭력으로 남편에게 살해된 여성에 대한 보도도 있었다.

가장 최근에 나온 대검찰청 범죄 분석 통계를 살펴봐도 폭력의 가해자는 아는 사람인 경우가 훨씬 더 많다. 위계 Hierarchy를 이용하는 폭력이 훨씬 더 흔하다는 사실 역시 확인할 수 있다. 불특정 다수에 대한 폭력은 매우 드물다. 즉 우리가 겪는 폭력의 대다수는 아는 사람 또는 아는 관계에서 위계를 이용해 상대를 순응시키고 복종시키는 폭력이다. 나는 이것을 '더 흔한 폭력'이라 부른다. 이런 폭력은 주로 상대를 모욕하고 위협한다. 폭언과 욕설을 하고, 물건을 던지고 부수고, 때로는 가격한다. 고개를 숙이게 하거나 무릎을 꿇게 하고 자신은 지배적인 자세를 취해서 상대보다 우위에 있음을 분명히 한다. '더 두려운 폭력'은 동물의 세계에서 포식자가 먹이를 사냥하는 양상과 비슷해 보인다. 거의 모르는 관계에서 저지르는 기습 공격, 심각한 폭력과 살인이 여기에 속한다. 물론 '더 흔한 폭력'과 '더 두려운 폭력'이 정확하게 구분되는 것은 아니다. 그리고 '더 흔한 폭력'이 심각한 형태로 발전할 수도 있다. 가정 폭력의 경우, 대부분 상대를 순응시키고 조정하려는 '더 흔한 폭력'이다. 보통 시작은 최종 상황보다 덜 위험한 형태이지만 결국 살인에 이르기도 한다. 그러므로 초기부터 폭력으로 인식하고 대응해야 한다. 그러나 결국 여성 개인의 대응보다 사회적 대응이 훨씬 더 중요하다. 피해 여성의 경제적 자립을 위한 사회복지 제도도 뒷받침돼야 한다. 그래야만 실질적으로 여성이 폭력을 휘두르는 남편으로부터 벗어나는 선택을 할 수 있다.

셀프 디펜스 교육을 하면서 많은 여성들을 만나고 있는데, 기억에 남는 일이 있나?

특정한 사람의 이야기는 아니고, 대부분 삶이 바뀌었다는 이야기를 많이 해준다. 기본적으로 자기 효능감과 자존감이 좋아지는 것을 목격한다. 그리고 학생들이 자신의 일상에서 셀프 디펜스를 실제로 적용한 사례들도 있다. 지하철 성추행범을 퇴치한 경우도 있고, 집에 도둑이 들었는데 잘 해결한 경우도 있고, 고객의 폭력적 행동을 잘 해결한 사례들도 있다. 폭력에 직면한 다른 여성을 도운 사례도 있다. 프리랜서인데 클라이언트가 원치 않는 회식 자리에 계속 불러내서 곤혹스러워하던 학생이 있었다. 예전에는 싫다는 말을 잘 못했는데, 이제 싫다는 말을 분명히 하게 됐다고 한다. 그랬더니 오히려 다음 날 사과하는 문자가 와 있었다고 했다. 그리고 원래 프로젝트가 끝나면 한참 뒤에야 작업비를 송금해주는 회사였는데 그 일이 있은 뒤로는 작업이 끝나자마자 다음 날 바로 작업비를 보내줬다고 한다. 부당한 요구에 거부 의사를 분명하게 밝히니까 오히려 잘 풀린 경우였다.

가정 폭력과 성폭력의 피해 생존자들 특히 주로 10대, 20대 피해 여성들을 정기적으로 수개월씩 가르치고 있다. 그들은 심각한 폭력을 실제로 경험했다. 내가 그들의 트라우마 극복과 회복을 도울 수 있어서 기쁘다. 또 직업적으로 셀프 디펜스가 필요한 사람들도 많다. 민원 담당 부서 공무원들, 응급실 간호사들, 자해 및 타해 성향이 있는 발달장애인을 담당하는 특수교사, 사회복지사들을 교육한다. 대부분 이런 일들을 여성이 맡고 있다. 이들도 폭력에 취약한 처지에 있다. 빰을 열 대나 때려도 그냥 맞고만 있었는데 이제 맞지 않을 방법이 생겼다고 기뻐하는 모습을 보고 가슴이 찡했다. 내가 가진 기술이 도움이 된다니 참 다행이다.

'스스로를 지키기 위해서는 스스로 아무것도 할 수 없는 순간이 생긴다는 것을 알아야 한다', '아무것도 하지 않는 것 같지만 여성들은 이미 많은 것을 하고 있다', '도망은 그냥 도망이나 치는 것이 아니다'. 언뜻 듣기엔 역설처럼 들리는 문장들이 대화 내내 이어졌다. 다시 생각하고, 그 뜻을 다시 물어야 했다. 모두 내가 이미 가지고 있었지만 자각하지 못한 힘에 대한 이야기이거나, 사실이 아닌데 사실이라고 생각했던 고정관념에 관한 말들이었다.
여성이 스스로 자신의 몸을 지키기 어렵다는 메시지를 지속적으로 보내는 사회에서 여성들이 자기 방어 훈련을 한다는 것 자체가 역설적인 일일지도 모른다. 하지만 최하란 대표는 학생들과 만나고, 연구하면서 오히려 여성을 수동적인 존재로 만드는 사회의 시선과 기준이 문제라는 것을 드러낸다. 역설적인 것처럼 보이지만 다시 들으면 진실을 담고 있는 그의 말들은 우리 사회의 문제를 꼬집는 역할을 하면서 여성들을 일깨우고 그들에게 힘을 불어넣는다.

하고 싶다면 일단 해보는 것이 중요하다

•

아까도 얘기 나눴지만 여성들이 몇몇 정해진 운동을 제외하고는 다양한 운동을 경험하기 어려운 사회에서 살고 있다. 여성들이 자신에게 맞는 움직임이나 운동을 발견할 수 있는 방법은 무엇일까?

접근을 좀 달리 하면 어떨까 하는 생각이 든다. '나에게 알맞은 운동'이라는 말 자체가 관용구가 되어버렸다. 그런데 그 말은 나에겐 어떤 스타일의 운동이 좋다고 꼭 집어서 정답처럼 말해주는 것이지 않나. 운동을 생각하면 활력이나 상쾌함 같은 것을 먼저 떠올려야 하는데 딱 맞는 운동을 통해 도달해야 하는 목표가 먼저 떠오르게 하는 말인 것 같다.

나에게 알맞은 운동을 찾아 운동에서도 효율을 찾고 싶은 마음을 가진 우리가 운동에 대해 어떤 식으로 접근을 하면 좋을까?

하고 싶은 것을 일단 하면 어떨까. 서핑을 아예 모르는데 서핑을 해보고 싶다는 생각이 들면 해보는 것이다. 해보지 않으면 나에게 맞는지 안 맞는지 모르니까. 갑자기 뛰고 싶다 하면 그냥 뛰어보는 거다. 왠지 끌린다면 해보자. 그게 중요하다. 안 해보면 자꾸 조언만 받고 싶어진다. 그런데 조언은 내가 아니라 다른 누군가가 정리해놓은 생각이다. 거기에 기대기보다 직접 해보는 것이다. 다만, 그 운동을 시작했는데 뭔가 불편하거나 계속 연습해도 실력이 늘지 않는다면 기본 움직임이 잘못되지 않았는지 돌아볼 필요가 있다. 달리기를 할 때 쉽게 지친다거나, 발목을 자꾸 다친다거나, 서핑을 할 때 어깨가 아프다거나 하면, 그 운동이 내게 안 맞는 것이라고 생각할 게 아니라 그 운동을 하는 내 몸의 움직임에 문제가 있는 것은 아닌지를 확인해봐야 한다. 잠자고 있는 코어를 깨우거나 기본 움직임을 개선하면 내가 좋아하는 운동, 하고 싶은 운동을 하는 데 도움이 된다.

스쿨오브무브먼트가 가진 움직임에 대한 분명한 철학이나, 전문성을 발휘할 수 있는 영역을 계속 늘려가고 있는 성실함이 인상적이다. 지치지 않고 연구하고 계속 해나갈 수 있는 동력은 무엇인가?

직업윤리이다. 사실 나는 먹고살려고 이 일을 시작했다. 그런데 거기에 그치지 않게 해준 것이 직업윤리를 지키려는 마음가짐이었다. 여럿이 함께하는 교육을 고집하는 덕분에 끝없는 압박감이 있다. 어떻게 해야 더 많은 사람들이 나아지고 좋아질까? 더 나은 교육을 위해 연구하고 실험하는 것이 우리의 직업윤리이다. 특히 육체와 정신 모두에 영향을 미치는 일을 하고 있다. 그러니 모르면서 아는 척하거나 자기 수련은 하지 않으면서 남을 교육하면 안 된다고 생각한다. 이것도 나의 직업윤리이다. 그래서 시스템을 만들어 오랫동안 유지하고, 후학들을 길러내는 선생들을 찾아갔던 것이다. 시스템을 만들어서 40년, 50년 유지하고 있다면 나름의 내공과 이유가 있다고 생각한다. 그곳에서 내가 배우고 깨달은 것을 학생들과 나누는 것이다. 그게 계속 이어져 여기까지 왔다.

그렇게 여기까지 온 스쿨오브무브먼트는 앞으로 어떻게 될까? 계획을 가지고 있나?

운동과 건강 분야에서 학생들을 가르친 지 15년이 됐고, 스쿨오브무브먼트도 곧 10년이 된다. 그동안 수련하면서 관찰하고 정리한 것들을 책으로 정리해서 내려고 한다. 나와 공동대표인 정건 선생이 나이가 드는 것도 고려해서 우리가 책임질 수 있는 만큼 건강하게 계속 해내는 것이 발전이라고 생각한다. 꼭 어떤 단계를 설정하고 그 단계를 넘어야 하는 것이 아니라. 내가 감당할 수 있는 것 이상으로 부풀리지 말자고 다짐한다. 내가 할 수 있는 이상으로 하면, 과장하게 되고, 그러면 직업윤리를 잃는다. 이때 되면 뭘 하고, 저때 되면 뭘 하는 것이 아니라 계속 수련하면서 흥미로운 것을 찾고, 공부해 나가는 것을 계속하고 싶다.

여성들은 스스로를 지킬 수 있을까. 예상치 못한 상황에서 칼을 든 사람을 만나거나, 나를 압도하는 두려운 폭력 앞에서 스스로를 온전히 지키기는 어렵다. 작년 한 해, 남편이나 남자친구에 의해 살해된 여성의 수는 언론에 보도된 것만 85명. 나흘에 한 명 꼴이다. 살해 위협을 당한 피해 여성의 숫자 100명을 합치면 여성들은 이틀에 한 명 꼴로 친밀한 대상에 의해 살해되거나 살해될 뻔한 위험을 겪었던 것이다. 최근에는 '안전 이별', '데이트 폭력'이라는, 서로 어울리지 않는 조합의 용어가 자연스럽게 언론에 오르내린다.

여성들은 이토록 상시적 폭력에 노출되어 있지만 여성들을 보호해줄 법과 제도의 변화는 여전히 느리다. 2016년 20대 국회가 시작된 후, 가정 폭력과 데이트 폭력 관련 법안이 20여 개 발의됐지만 처리되지 않고 있다. 2018년 11월 12일, 더불어민주당 정춘숙 의원과 여성단체 대표들은 국회에 계류 중인 17건의 가정 폭력 처벌법에 관한 개정안 처리를 촉구하는 기자회견을 가졌다. 여성을 위한 사회적 안전망이 구축된 사회가 되려면 아직도 갈 길이 멀다.

그럼에도 불구하고 다행인 것은 우리에게 스스로를 지킬 수 있는 힘이 있다는 사실이다. 최하란 대표와 인터뷰를 마치고 집으로 귀가하던 밤, 나는 처음으로 밤길을 걷는 내 발길을 재촉하지 않았다. '여성들은, 나는, 스스로를 지킬 수 있다. 하루에도 몇 번씩 마주치는 일상에서의 흔한 폭력에 더 이상 나를 가만히 두지 않을 수 있다. 아니, 가만히 두지 않을 것이다'라고 되새기며 그 밤길을 걸었다. 우리가 나를 지키는 시스템을 스스로 만들 수 있는 존재라는 믿음. 최하란 대표가 여성들이 그런 믿음을 가질 수 있도록 격려하며 자신의 일을 계속 해나가는 동안 그 시스템들은 점점 더 늘어나지 않을까 기대해본다.

○

여성들에게 더 많은
선택의 권리가 필요한 이유

03

○

안지혜

이지앤모어 대표

안지혜

○

월경 셀렉트숍 이지앤모어 대표

아시아 이주 여성들의 경제적 자립을 돕는 사회적 기업에서 일하며 여성 문제에 대해 눈뜨게 됐다. 어느 날 남편이 지나가면서 흘리듯 이야기했던 "생리대 가격이 비싸다"는 말에 이 문제를 비즈니스적으로 해결하고 싶어졌고, 2016년 '이지앤모어'를 설립했다. 사업을 해나갈수록 비싼 생리대 가격을 합리적인 기준으로 낮추고자 했던 목표가 '여성의 건강한 월경'이라는 보다 넓은 주제로 확장됐다. 일회용 생리대 이외에 여성들이 더 건강하게 월경 기간을 보낼 방법은 없는 것인지, 우리는 왜 다양한 월경용품을 선택할 권리를 누리지 못하는 것인지 의문이 들어 2017년 12월, 국내 최초로 '페미사이클'이라는 월경컵을 식품의약품안전처로부터 판매 허가를 획득하여 수입했다. 직접 개발한 월경컵인 '블랭크컵'은 현재 출시를 앞두고 있다. 대한민국 모든 여성들이 건강하게 여성으로서의 생애주기를 맞이할 수 있기를 희망한다.

○

2006년 10월, 국회 보건복지위원회 소속 한나라당 안명옥 의원은 식품의약품안전청(이하 식약청, 현재는 식품의약품안전처) 국정감사에서 시중에 유통되던 한방 생리대에서 포름알데히드가 기준치 이상 검출되었다는 것을 지적했다. 당시 식약청이 해당 문제를 인지하고 업체에 생리대를 회수하라고 지시했지만, 32퍼센트만 회수되어 솜방망이 처벌이 아니냐는 의혹도 제기됐다. 논란은 금방 수그러들었고, 해당 생리대 제조업체는 이름만 바꾼 제품을 다시 출시했다.

이와 똑같은 일이 10여 년 뒤인 2017년 8월에도 일어났다. 특정 생리대에서 발암물질이 검출되었다는 〈경향신문〉의 보도를 시작으로 제조업체와 브랜드명까지 공개됐고, 안전함을 입증하는 업체와 위험을 알리는 시민단체 간의 공방전도 시작됐다. 분노한 여성들이 항의했고, 식품의약품안전처(이하 식약처)는 안전성 기준을 더욱 강화하겠다고 밝혔지만, 어느 곳에서도 여성들의 안전을 위한 혁신적인 답을 내놓지 못했다.

아이폰 1세대가 등장해 세대별로 획기적인 변화를 거쳐 10주년 기념 에디션 아이폰 X가 출시되는 세월 동안, 대한민국의 여성들은 여전히 생리대의 유해성을 걱정한다. 왜 이 걱정은 계속 제자리걸음인 것일까. 인구의 절반이 평생 400여 번 경험하는 월경은 왜 보편적인 일로 고려되지 않을까. 이런 질문을 가지고 여성의 건강한 월경 생활을 위한 서비스와 제품을 만드는 '이지앤모어'의 안지혜 대표를 성수동 카우앤독에서 만났다.

창업꿈나무가 사회적 문제에 관심을 갖기까지

•

원래부터 여성 문제에 관심이 있었나?

아니다. 언젠가 내 회사를 하고 싶다는 생각을 가진 창업꿈나무이긴 했지만 여성 문제를 해결하는 스타트업을 하게 될 줄은 몰랐다.

그럼 창업 준비를 꾸준히 했던 것인가?

2009년에 사회생활을 시작해서 2016년 창업하기 전까지 회사원으로 일했다. 앞서 말한 것처럼 사회생활을 시작하면서부터 창업이 목표였기 때문에 그에 필요한 다양한 경험을 회사 안에서 하자는 마음으로 여섯 번의 이직을 했다. 한

곳에서 길게는 1년 반, 짧게는 6개월 정도 일했다. 내겐 계획적인 이직이었는데 선배와 가족 들의 걱정이 많았다. 외식업계와 패션업계에서 마케팅을 배웠고, 창업하기 직전에 사회적 기업인 '오요리 아시아'로 옮겼다. 막내로 들어가서 밑바닥부터 경험하면서 일을 다시 배웠다.

그쯤 되었으면 5, 6년 차 정도 되었을 때인데, 사회적 기업에 막내로 들어간 이유는 무엇인가?

내가 오요리 아시아에 들어가기 전, 마지막으로 일했던 곳이 프랜차이즈 회사였다. 모두가 그런 것은 아니겠지만, 회사를 퇴직하고 받은 돈으로 프랜차이즈 가맹점을 하시는 분들이 많지 않나. 몇 억씩 빚을 지고 시작하시기도 하고. 더욱이 이 회사에는 생계형 점주들이 많았다. 절박한 심정으로 장사를 하는 분들이었기 때문에 일부 점주들은 매출이 나지 않으면 본사 마케팅팀에 격렬히 항의하곤 했다. "매출이 안 나와 더 이상 생계를 이어나갈 수 없어 정말 죽고 싶다. 이건 다 너희 책임이다" 하는 식으로 말씀하시는 분도 있었다. 그분들이 이해되지 않는 것은 아니었다. 몇 억씩 돈을 들여 시작했는데 그만큼 매출이 안 나오니 화는 치밀고, 화풀이를 본사에 할 수밖에 없고. 일상적으로 그런 점주들을 보다 보니까 내가 이 일을 하는 것이 누군가에게 도움이 될까 싶으면서 영리기업에 대한 생각을 많이 했다. '본사만 배부르게 하는 사업이 아닐까?', '본사와 점주가 상생할 수 있는 방법은 없을까?' 그래서 경력을 전환하고 사회에 공헌하는 일을 해보고 싶었다. 때마침 자주 가던 단골 식당에서 기획팀 신입을 뽑는다는 공고를 낸 것을 보게 됐다. 알고 보니 그 식당이 사회적 기업이었다. 연봉이나 복지가 기존에 누리던 것의 절반도 안 되었지만 상관없었다. 지원해서 일을 하게 됐고 좋은 경험이었다.

어떤 점이 가장 좋았나?

사회적인 문제를 고민하면서 일할 수 있다는 것. 그곳에서 일하며 여성 문제에 대해 인지하게 됐다. 회사가 다문화 여성들이 자립할 수 있도록 지원하는 일을 했다. 오요리 아시아 대표님은 직원들에게 공부를 하라고 매주 숙제를 내주셨는데, 다문화 여성의 인권에 대한 글을 읽고, 또 현장에서 그들을 만나면서 죽을 만큼 힘들지만 타국에서 살아야만 하는 엄마 혹은 여성으로서의 삶을 다른 관점에서 바라볼 수 있는 시야를 가지게 됐다. 그들이 겪는 어려움을 비즈니스를 통해 해결할 수 있다는 것도 배웠다. 그 영향으로 나도 여성들이 겪고 있는 문제를 해결하는 회사를 만들어보면 어떨까 했는데, 당시 나에게 다가왔던 문제가 생리대 가격 문제였다.

어떻게 그것을 문제라고 느끼게 됐나?

나는 월경이 매우 규칙적인 사람이라 언제쯤 하게 될지 예측이 되는데, 매번 월경할 때가 닥치면 마트에 가서 꼬박꼬박 생리대를 제값 주고 사는 게 이상했다. 미리 온라인에서 사면 저렴한데 나는 왜 항상 마트에 가서 가격적인 손해를 보고 있나 싶었고. 친구들에게 물었더니 나와 다르지 않았다. 그래서 여성들이 좀 더 저렴하고 편리하게 생리대를 구입할 수 있도록 정기배송 서비스를 해야겠다고 생각했다.

바로 회사를 그만두었나?

아이디어는 있었지만 정말 이 사업 아이템이 가능성이 있는 것인지 확인하고 싶었고, 무엇보다 초기 창업 자금을 확보해야겠다는 생각에 창업 지원 프로그램 세 군데에 지원했다. 그중 두 곳에서 서류 합격 소식을 들었고, 대면심사 후 최종적으로 한 곳에 선정됐다. 내 월경주기에 맞춰서 내가 원하는 수량을 알아서 정기배송 해주되 가격은 온라인 최저가에 맞춘 서비스를 구상해 제안서를 제출했다. 여성들이 매달 사용하는 것이니 정기배송을 하면 매달 고정 고객 확보가 가능할 것이라는 전망이 긍정적으로 평가된 것 같다. 창업 지원 프로그램에 선정되고 나서 회사를 그만뒀다. 대표님께 죄송했는데 흔쾌히 나가서 네가 하고 싶은 걸 하라고 하시더라. 지금도 여러모로 도움을 받고 있다.

처음부터 사회적 기업이었던 것은 아닌가?

그렇다. 여성들이 사용하는 생리대 가격이 비싸다는 문제를 제기한 것은 맞지만, 문제를 풀어가는 방식은 영리기업과 크게 다르지 않았다. 초기에 함께 일한 동료도 온라인 커머스에 전문성을 가지고 있던 후배였다. 물건을 저렴하게 구입해서 정기배송 하는 사업 모델을 안착시키는 데 집중했다.

사업 모델을 바꾸게 한 계기, 그리고 '깔창 생리대' 이슈

•

이후에 여성의 월경 문제를 좀 더 전면에 내세워 사업을 추진했다. 전환의 계기는 무엇인가?

초기 모델로 사업을 진행하면서 고객 인터뷰를 많이 했다. 여성들은 어떻게 월경용품을 구입하고 사용하는지에 관한 구체적인 조사가 필요한 시기였다. 그런데 한 후배와 이야기를 나누다가 "나는 집안 사정이 안 좋아서 학창 시절에 생리대를 구입하지 못했다. 그래서 휴지도 쓰고 수건도 썼다"는 이야기를 들었다. 충격이었다. 우리 집 화장실엔 항상 있던 물건인데, 이걸 사지 못하는 사람이 존재한다는 사실 자체를 몰랐던 것이다. 조사를 좀 더 해보니 실제로 이런 환경에 처해 있는 여성들이 있었다. 매달 며칠씩 써야 하는 생필품임에도 불구하고 당시 정부가 저소득층 여성들에게 생리대를 지원하는 복지정책을 찾아볼 수 없었다. 이런 환경을 알고 가만히 있을 수가 없었다. 이 문제를 어떻게 해결할 수 있을지 생각하다가 같이 일하는 후배를 앉혀놓고 우리는 사회적 기업으로 선회해야 할 것 같다고 말했다. 사업 모델을 변경해보면 어떨지 제안했다.

갑자기 사업 모델을 바꾸자는 것은 같이 일하는 동료 입장에서 당황스러울 수도 있는 일이다. 동료의 반응은 어땠나?

처음엔 걱정했다. 우리가 구축한 사업 모델이 바뀌면 수익 구조에도 영향이 미치는데 그 부분은 어떻게 할 거냐고 되묻더라. 그래서 설득을 많이 했다. 이 문제(저소득층을 위한 생리대 지원 문제)가 해결되지 않으면, 우리가 지금 해결하고자 하는 문제(생리대 가격 문제)가 해결될 수 없을 것이라고. 이렇게 생리대 가격 문제를 합리적으로 조정해보고자 시작했던 것이 여성들의 월경 문제에 초점을 맞춘 서비스로 조금씩 발전해나갔다.

본격적으로 이지앤모어를 시작하게 된 것인가?

2016년 초반, 사업자로 등록하고 본격적으로 일을 시작했다. 생리대와 여성들이 갖고는 싶은데 돈 들여 사기는 망설여지는 제품들을 모아서 세트 박스로 만들어 정기배송 했다. 한 박스를 사면 저소득층 여성 청소년에게 한 달분의 생리대가 기부되는 구조로 사업 모델을 확정지었고, 와디즈에서 크라우드 펀딩도 시작했다. 2016년 4월이었다.

'깔창 생리대'가 사회적 논란이 되었던 것이 2016년 5월 말 아닌가. 그전에 이미 문제를 발견하고 솔루션을 만든 셈이다.

우연히 그렇게 됐다. 크라우드 펀딩을 시작하고, 그 내용을 알리는 보도자료를 써서 온갖 곳에 다 뿌렸다. '내일쯤 한두 매체에서는 보도하겠지'라는 희망을 가지고 있었는데,

아무도 우리 서비스에 대해 보도해주지 않았다. 당시 소문을 듣고 크라우드 펀딩 사이트를 찾아준 고객 200여 분이 한 달 동안 우리가 만든 세트 박스를 구입해주셨다. 크라우드 펀딩을 통해 고객 반응을 봤으니까 이걸 본격적으로 잘 만들어보자 하던 차였다. 펀딩이 끝나고 딱 5일 뒤에 깔창 생리대 이야기가 SNS에 등장했고 이내 기사화됐다. 그 기사에 짧게 이지앤모어가 언급됐고, 그때 우리 회사가 더 많은 이들에게 알려졌다.

반응이 어땠나?

처음엔 기사가 난 줄도 모르고 있었다. 그때 나는 이지앤모어 웹사이트를 오픈하고 시범 운영을 하고 있었는데, 갑자기 매출이 찍혔다. 며칠 전 종료된 크라우드 펀딩 매출 대비 20배에 달하는 매출이었다. 갑작스러운 주문 쇄도에 일정에 맞춰 배송해드리는 일을 감당하지 못할 정도였다. '이게 무슨 일이야? 시스템에 오류난 거 아니야?' 하면서 원인을 찾고 있었는데, 친구가 기사를 보내주더라. 회사 이름이 한 줄 정도 언급되어 있었는데 그것이 매출로 이어졌다. 그 기사를 써주신 〈국민일보〉 기자님이 우리를 살렸지. 하지만 상승세가 오래 지속되지는 않았다.

깔창 생리대 이슈가 있은 지 7개월 뒤, 한 번은 한 달 동안 매출이 거의 발생하지 않은 달도 있었다. 되게 무서웠다. 하지만 '우린 끝이야'라는 생각보다는 '다른 차원에서 여성들의 월경 문제를 들여다볼 때가 왔다'는 생각이 들었다. 좋은 취지를 가지고 있으니까 구입하라는 것은 사업이 아니라 운동의 차원이라는 것을 깨닫기도 했고. 어떻게 제품이나 사업 모델로 고객들을 설득할 수 있을까 고민하다가 우리 웹사이트에서 생리대를 구입하면 일정 포인트가 기부되는 포인트 제도를 도입했다. 저렴하게 생리대도 사고 좋은 일에 자신의 포인트를 기부도 할 수 있는 구조를 만든 것이다. 그런데도 좀 부족하다는 생각을 했다. 가격만 조금 낮을 뿐 다른 채널에서도 판매하는 제품을 똑같이 판매하면 우리가 일반 유통 채널이랑 다른 점이 무엇일까 하는 의문이 든 것이다.

여성들이 갖고 싶어 하는 상품을 선별해서 세트 박스를 구성하고, 한 상자가 팔리면 저소득층 여성 청소년에게 한 달 치 생리대가 기부되는 이지앤모어의 1+1 박스 사업 모델은 깔창 생리대 이슈와 함께 세상에 알려졌고 많은 고객들을 만났다. 하지만 매달 사용해야 하는 생리대를 이지앤모어에서만 구입하는 것은 소비자들에게 부담되는 일이었다. 더 저렴한 가격을 내세운 유통 채널이 금방 등장했기 때문이다. 제품이 가진 좋은 취지가 초반 매출을 견인했지만, 그것이 개인의 경제적인 부담을 지속적으로 감당하게끔 유도하지는 못했다. 이에 더해 그해 10월, 저소득층 여성 청소년을 대상으로 한 달에 1만 원 상당의 생리대를 지원하겠다는 정부의 발표가 나오고, 지방자치단체 및 사회 곳곳에서도 생리대 후원이 이어지면서 이지앤모어의 매출은 반토막이 났다. 새로운 길을 모색해야 하는 시기가 찾아온 것이다.

월경컵이라고 들어봤나요?

•

사업 모델을 바꾸는 것을 넘어서 새로운 영역으로의 진출이 필요하다고 생각한 것인가?

그렇다. 여성들이 월경 문제에서 해결하지 못하거나 보지 못하는 것이 뭐가 있을까 고민하며 공부를 했고, 그러다 월경컵의 존재를 알게 됐다.

월경컵을 어떻게 알게 됐나?

그때 우리가 리서치 회사에 비용을 주고 설문조사를 진행했다. 여성들이 월경을 어떻게 경험하는지 구체적으로 알아보자는 취지로. 재미있는 결과가 나왔는데, 우리나라 여성들의 92퍼센트가 일회용 생리대를 사용하고 그중 70퍼센트가 일회용 생리대로 인한 부작용을 경험하고 있더라. 그런데 그 70퍼센트 중 과반수 이상이 부작용이 생기면 또 다른 일회용 생리대를 선택하는 것으로 문제를 해결하고 있었다.

부작용이 생기면 그냥 다른 브랜드로 갈아타는 셈이다. 생각해보니 나도 그렇다. 그것만이 해결책이라고 생각했다. 우리는 왜 이런 선택을 하는 것일까?

일회용 생리대 사용으로 부작용을 느끼면 이것을 대체할 수 있는 새로운 카테고리가 있어야 하는데, 우리에겐 그런 것이 없다. 일회용 생리대냐 탐폰이냐 면 생리대냐 하는 정도의 선택지만 있다. 이 셋 중에서 나의 부작용을 해소할 수 있는 대안을 찾아야 하는데, 면 생리대의 경우에는 뒤처리가 일회용 생리대보다 불편하기 때문에 선뜻 바꾸기 힘들다. 결국 새로운 브랜드의 일회용 생리대를 써보면 괜찮을까 생각하게 된다. 이런 상황은 선택권이 없다는 말로도 대체될 수 있다. 그래서 여성들의 월경용품 선택권을 늘리는 쪽으로 접근하면 어떨까 생각했고, 해외 사례를 찾다가 월경컵을 알게 됐다.

해외에는 다양한 종류의 월경용품이 있다는 얘길 들었다.

그렇다. 리서치를 해보고 놀란 것이 해외에는 월경용품의 카테고리가 굉장히 다양했다. 월경컵 말고도 해면 생리대나 면으로 짠 탐폰, 생리팬티 등 일회용 생리대가 안 맞을 때 고를 수 있는 대체재가 다양하게 존재했다. 여성의 몸에 더 편하고 무해한 제품을 만드는 기술을 발전시키고 그 기술을 다양한 월경용품의 제작에도 적용하면서 여성들은 자신의 몸에 맞는 월경용품을 사용할 수 있는 구조였다. 이런 구조를 만들어야겠다는 생각이 들었다.

그중에서 월경컵을 제일 먼저 들여온 이유는 무엇인가?

국내에 제일 빨리 들여올 수 있는 제품이 무엇일지 생각했다. 여러 월경용품들 가운데에 월경컵이 외국에서 많이 쓰이는 제품이었고, 그런 까닭으로 안전성을 입증하기도 수월하다고 판단했다. 새로운 형태의 월경용품이었기 때문에 월경을 경험하는 한국의 여성들에게 새로운 카테고리가 생겼다는 인식을 주기에도 좋고. 월경컵을 들여오기로 한 뒤, 내부적으로 직원들이 먼저 사용해봤다. 일회용 생리대를 사용하며 경험한 단점들(찝찝함, 소위 '굴 낳는 느낌'이라고 표현되는 이물감 등)이 사라지는 것을 직접 체험하면서 더욱 소개하고 싶어졌다. 엄청난 각성이나 정의로움이 있었다기보다는 회사의 생존을 위해 필요한 것들을 더해가면서 여기까지 왔다.

이지앤모어는 위기가 닥쳤을 때마다 사업 모델을 바꾸고, 사업 영역을 확장하며 위기를 기회로 전환했다. 안지혜 대표는 그 동력을 '생존'이라고 했다. 나와 직원들의 안위를 책임지는 회사의 존속을 위한 선택들이 이지앤모어를 여기까지 데려왔다고. 하지만 생존이 절실한 모든 기업이 위기를 기회로 만드는 것은 아니다. 안지혜 대표는 위기가 왔을 때, '우린 끝이야'라는 생각 대신 '문제를 새롭게 볼 필요가 있어'라고 생각했다. 위기를 고객과 시장이 보내는 메시지로 보고 문제를 다시 정의한 것이다. 이것은 위기 모면의 기술이라기보다 위기를 대하는 태도에 더 가깝다. 이런 태도는 이지앤모어가 생리대 가격 문제에서 월경을 경험하는 여성들의 월경용품 선택권 문제로 시야를 넓히고, 사업을 진행해 나가도록 만드는 그들만의 전략이 됐다.

새로운 판은 변화를 위한 에너지를 쏟을 때 생겨난다

•

회사의 생존을 위한 결정이 결국 여성들의 삶의 질을 높이는 방향으로 사업을 이끌었다. 월경컵을 들여온 과정에 대해 더 듣고 싶다.

투자사였던 '에스오피오오엔지(SOPOONG, 이하 SOP)'의 영향도 컸다. 1+1 박스를 한창 판매하고 있었을 때 투자를 받았는데, 엑셀러레이팅(창업 초기의 기업이 빠르게 성장 궤도에 오를 수 있도록 자금과 멘토링 지원을 하는 일)을 받는 도중에 매출이 하락했다. 돌파구를 찾아야 하는 시기가 온 것이다. 리서치한 내용을 바탕으로 해서 월경컵을 들여와야 했을 때 겁이 많이 났던 것도 사실이다. '기존에 없었던 시장인데 과연 우리가 할 수 있을까', '수입을 하려면 식약처의 승인 절차가 필요하다는데, 그걸 우리가 넘어설 수 있을까' 하는 걱정이 생겼다. 그때 SOP에서 밀어주고 도움을 줬다.

어떤 식으로 밀어줬나?

우리가 많이 주춤했던 때가 있었다. 당시 "수입은 저희가 할 일이 아닌 거 같아요"라고 했더니 SOP의 실무 담당자가 "왜 못하죠? 하면 되죠"라고 말하는 것이다. 이지앤모어 아니면 누가 하냐면서 옆에서 계속 독려해줬다. 없는 시장을 발견해서 그걸 만들어가며 혁신하고 있는 중인데, 너희가 아니면 누가 할 수 있겠냐고 불을 지피더라.

그렇게 페미사이클을 수입하게 된 것인가?

처음에는 수입과 직접 제조 두 가지 선택지를 두고 고민했다. 그 결과, 우선은 우리가 사전조사를 한 데이터를 바탕으로 해서 직접 만들어보자는 쪽으로 의견이 모였다. 그렇게 직접 월경컵을 디자인하고 3D 프린팅을 해서 '블랭크컵'을 만들었다. 크라우드 펀딩도 했다. 만드는 과정은 무난하게 진행됐는데 임상실험이라는 산이 있었다. 식약처에서 월경컵이 인체에 안전하다는 기록이 우리나라에 아직 없으므로 허가를 위해 실험을 하고 결과를 가져오라고 했다. 그런데 임상실험이라는 것이 6개월 주기로 30~40명이 써보고, 인체에 아무런 해가 없다는 것을 증명해야 하는 절차이다. 대학병원에 가서 임상실험 견적을 받아보니 2억 원 정도가 필요했다.

2억 원이면 엄청난 금액이다. 그냥 괜찮은 제품만 만들면 되는

문제가 아니었다. 걱정이 많았던 것이 이해된다.

우리는 대기업이 아니기 때문에 임상실험에만 2억 원을 쓰는 것은 꿈도 못 꿀 일이었다. 그래도 포기할 순 없어서 식약처를 찾아가서 엄청 귀찮게 했다. 임상실험을 대체할 방법이 있는지 물었더니 해외에서 임상실험을 한 제품과 그에 대한 자료가 있는지 보고, 그 제품으로 허가를 받고 수입하면 후발주자들은 좀 더 편하게 제조, 유통할 수 있다고 조언해주었다. 당시에 보고 있던 제품 중에 페미사이클이라는 월경컵이 있었는데, 그것에 대한 임상실험 결과가 정리된 논문이 있다는 사실을 알고 있었다. 그걸 만든 사람이 미국의 산부인과 의사였는데 자신이 월경컵을 개발하면서 시행한 임상실험 결과를 학술지에 논문으로 제출했다. 이거다 싶어서 페미사이클 본사에 연락을 취했지만 이미 한국 수입을 위해 준비하던 업체가 있었다. 이지앤모어는 페미사이클이 한국으로 수입되는 과정을 돕기로 했다. 이걸 잘 도와서 한국에 들여오면 우리가 제작한 월경컵인 블랭크컵의 판매가 수월해지는 셈이니까.

새로운 영역을 개척한다는 것은 그동안 드러나지 않았던 문제를 처음 겪으며, 아직 마련되지 않은 제도적 발판을 스스로 만드는 일이라는 것을 안지혜 대표와 이야기를 나누며 실감했다. 의약외품 수입과 유통에 관련된 자료를 읽고, 이를 바탕으로 식약처와 대화하고, 필요한 업체를 섭외하는 과정은 제품이 고객들을 만나기 전 거쳐야 할 지난한 과정이고, 이런 과정은 밖에 잘 드러나지 않는다. 하지만 과정을 거쳐야만 결과적으로 변하는 것들이 있기 마련이고, 이전과 다른 새로운 판은 그 변화를 위해 기꺼이 시간과 에너지를 들이는 사람이 만들어간다.

월경컵 수입 절차가 진행되던 중, 공식 수입업체가 수입을 하지 않기로 최종 결정하게 된다. 7개월여간 중간에서 수입 과정을 돕던 이지앤모어는 고민 끝에 페미사이클의 국내 정식 수입업체가 되기로 하고, 구입과 실험 관련 비용 등 전 과정의 책임을 떠안고 페미사이클을 들여와 판매하기 시작한다. 2017년의 일이다.

결국 돌파구를 찾아내지만, 안지혜 개인에게는 심리적으로 많은 부담이 되는 일이 반복된다. 이런 일들을 어떻게 극복하나?

우리가 했던 일들이 다 그런데, 늘 약속한 사람들이 존재했다. 블랭크컵도 크라우드 펀딩에 참여한 서포터들이 있었고, 1+1 박스도 그 제품을 사준 고객들과 우리가 후원을 약속한 청소년들이 있지 않았나. 일을 하다가 포기하면 우리 선에서 끝나는 것이 아닌 상황들이었다. 믿고 우리를 선택해준 수많은 여성들에게 약속한 것이 있어서 힘들 때마다 책임감으로 밀고 나갔다. 그렇게 달리다 보니 올해는 스스로 좀 쉬어야겠다 싶더라. 잠깐 멈춰 서서 동료들과 함께 제주도 워크숍도 다녀왔다. 좀 쉬고 나니 다시 해볼 에너지가 생겼다. 월경컵을 국내에 공식적으로 처음 들여왔고, 그간 월경컵 제작을 도와준 서포터들도 있어서 걸머진 책임감이 무겁다. '이지앤모어가 아니면 안 돼', '내가 포기하면 이 사업이 어떻게 될까' 하는 생각도 이제 생긴 것이다.

구직자보다 더 열심히
면접을 준비하는 회사

•

대표이기 때문에 함께 하는 직원들과의 소통도 중요할 것 같다. 직원들과 어떻게 대화하고 설득해나가나?

사실 팀원들이 나보다 더 낫고 더 대단하다. 일이 생겼을 때, 상황을 설명하면서 해결 방법을 제안하면 다 이해하고 응원해준다. 잘할 수 있을 것이라고 말해주고 함께 해준다.

누군가 "이런 거 우리가 꼭 해야 돼요?"라는 말을 했다면 힘들었을 것이다. 다행히 그런 사람이 조직에 단 한 명도 없었다. "제가 어떻게 하면 돼요?"라고 응원을 해주니까 지금껏 함께 으쌰으쌰 하면서 잘 해온 것 같다.

같이 일하는 사람들은 어떻게 찾았나?

채용 플랫폼을 이용해서 찾았다. 2016년에 두 번째 동료를 찾을 때는 사람인을 통해 채용했다. 스타트업들이 주로 이용하는 구인 채널이 있긴 한데, 나는 우리를 아예 모르는 사람으로 채용하고 싶었다. 스타트업 영역 밖에 있는 마케터만이 가질 수 있는 관점이 있다고 생각했고, 그것이 필요한 시기였기 때문이다. 우리가 가치에 몰두해서 사업을 전개하는데, 여기에서 벗어나 영리적 관점에서 그 과정을 봐줄 수 있는 사람이 필요했다. 마침 그런 관점을 가진 마케터가 합류했고, 이지앤모어가 더 많은 사람들을 만날 수 있는 언어를 만들어가는 데 많은 역할을 했다. 다른 두 분은 위커넥트라는 채용 플랫폼을 이용했다.

채용할 때 주로 무엇을 보나?

이제는 이지앤모어의 미션을 잘 이해하는 사람이 채용되어야 좀 더 멀리 날아갈 수 있겠다는 생각이 들더라. 처음엔 아무것도 없는 상태라 우리가 가고자 하는 길로 무작정 밀고 나갔다면, 지금은 우리가 가야 할 길이 어느 정도 정리된 상태이다. 조직이 지향하는 가치를 이해하지 못하면 함께 나아가기에 힘든 부분이 있다. 함께 멀리 갈 수 있는 사람을 찾자고 내부적으로 결론을 내렸다.

회사가 지향하는 방향을 이해하는 사람을 어떻게 알아보나?

우리 회사가 면접 준비를 철저하게 한다. 최근에 면접이 있었는데 이를 위한 회의를 따로 했다. 우리 회사에서 일하기에 적합한 사람을 우리가 어떻게 알아볼 수 있을지를 중심에 두고 논의했다. 우선 면접 때 던질 수 있는 여러 질문들을 나열하고, 그중에서 우리와 일하기 위해 필요한 자질을 알아볼 수 있는 질문을 골라서 다듬었다. 우리가 정한 답을 말하는 사람을 찾기 위해서라기보다는 무엇을 물어봐야 할지, 구직자의 답에서 어떤 요소들이 중요한지, 중점적으로 들어야 할 내용이 무엇인지 등을 정했다. 그렇게 기준을 세웠더니 면접 때 지원자와 나눠야 할 이야기들을 충분히 나눌 수 있었다.

지원자의 특정한 대답이나 반응을 통해 조직의 미션을 이해하는 사람을 알아본다는 대답이 나올 줄 알았다. 오히려 지원자의 가치를 제대로 알아보기 위해 철저한 준비가 필요하다는 것이 인상적이다.

한눈에 알아볼 수 있는 방법 같은 것이 있으면 나도 알고 싶다. 우리는 아직 그 방법을 모르니 짧은 면접을 제대로 이용할 수 있는 방법을 모색한 것이다.

여성들에게는
더 많은 선택의 권리가 필요하다

•

SF작가 코니 윌리스의 소설 《여왕마저도》에는 미래의 어느 날, 특정 기술을 통해 여성들이 월경을 하지 않게 된 사회가 등장한다. 한 가지 흥미로운 사실은 소설 속에서 월경을 하지 않을 수 있는 기술이 이미 있음에도 불구하고, 여성들이 월경을 하지 않기 위해서 남성을 포함한 사회 전체의 합의가 필요했다는 점이다. 이를 위해 전 세계 여성들이 하나가 되어 싸웠고, 결국 여성들은 월경에서 '해방'됐다.

상상 속의 설정이지만 이것은 여성들이 삶의 어느 지점에서

든 다양한 선택권을 가지지 못하는 현실을 제대로 비튼다. 인구의 절반이 한 달에 한 번씩, 전 생애주기를 통틀어 400여 번 경험하는 월경은 보편적인 경험임에도 불구하고 일상으로 다루어지지 않는다. 일상이 되지 못한 사회적 약자의 경험은 시장에서 소외되고, 그 불편을 줄이기 위한 제품과 서비스들은 생산되지 않는다. 결국 선택지는 줄어든다. 안지혜 대표는 이 선택권의 문제에 집중하고 있다.

이지앤모어 웹사이트에 들어갔더니 '월경, 우리에겐 그저 평범한 일상이길'이라는 문구가 눈에 띄었다. 이 문구를 보기 전에는 여성인 나조차도 월경이 일상이라고 생각하지 못했다. 거의 대부분의 여성들에겐 보편적인 경험인데 일상으로 느껴지지 않는 이유는 무엇일까?

우리 사회가 이 경험을 보편적인 경험으로 여기지 않기 때문은 아닐까. 월경을 다룬 콘텐츠도 생리대 광고 외엔 보기 드물다. 언급하지 않으면 시장도 생기지 않는다. 그러면 선택지가 줄어들고 여성들에게는 더 나은 선택을 할 수 있는 기회가 없어진다.

월경컵이 이 선택지를 늘리는 일을 할 수 있다고 보는 것인가?

그렇다. 사실 더 많은 월경용품들이 나와야 한다. 작년 여름에 일회용 생리대 유해성 논란이 있지 않았나. 언론에서 한동안 떠들썩했지만, 유해성 문제가 해결되는 쪽으로 가기보다는 결과적으로 프리미엄 일회용 생리대 시장만 만들어지고 말았다. 일반 일회용 생리대가 몸에 안 좋다고 하니까 제조업체들이 유기농이라는 이름을 붙여서 새로운 브랜드를 만들고 1.5배 정도 비싸게 파는 것이다. 일회용 생리대가 얼마나 유해한지 제대로 연구되지 않은 상황에서, 그저 구입할 수 있는 월경용품이 그것밖에 없으니까 일회용 생리대만 사용하는 패턴을 깨야 한다. 그런 의미에서 선택지를 늘려야 한다는 것이다. 월경컵이 그 시작이 되리라고 생각한다. 시장 성장의 가능성을 보여주고 싶다는 포부도 있었다. 월경컵이 잘 되는 시장이면 월경컵을 만드는 회사가 계속 나올 테고, 월경컵을 사용하는 여성들이 많아지면 의료용 실리콘보다 더 좋은 재료로 만들어진 혁신적인 제품이 나올 수도 있다. 그렇게 시장의 구조가 바뀌어야 지난여름처럼 일회용 생리대 유해성 논란이 일어났을 때 소비자들이 스스로에게 안전한 선택을 할 수 있다.

일회용 생리대의 유해성이 제대로 연구되지 않는 이유는 무엇

일까? 10년 전에도 유해성 논란이 있었는데 그냥 지나갔다.

그냥 넘어가도 별문제가 되지 않는 사회 구조 때문이다. 이지앤모어가 월경에 대한 콘텐츠를 지속적으로 만들려는 이유가 이것이다. 월경이 여성들에게 일상적인 일이고, 관심을 받아야 할 영역이고, 또 선택이 가능한 영역이라는 것을 더 알리고, 많이 이야기되도록 하기 위해서. 그러면 사람들이 관심을 많이 가지는 영역이 되니까 연구자들은 논문을 쓰고 발표할 것이고, 기업에서는 이와 관련된 제품이나 서비스를 개발하면 이득이 있겠다고 인식하지 않을까. 이지앤모어에서 지금 한 대학의 임상병리학과 교수님과 연구를 진행 중이다. 연구 주제는 '월경컵을 어떻게 소독해야 안전한가'이다. 아직 전 세계적으로 연구된 바가 없는 주제이다. 물로만 세척해도 된다, 세정제를 써야 한다 등 의견이 분분한데 정확한 실험 결과가 반영된 것이 아니다. 연구를 의뢰받은 교수님께서도 월경컵에 대한 여성들의 관심이 높아지고 있고 사용자도 늘어나고 있지만, 전 세계적으로 월경컵 소독법에 대한 정확한 연구 결과가 없다는 것에 큰 흥미를 느끼셨다. 세계 최초의 연구로 기록된다는 건 연구자들에게는 의미 있는 일이지 않나. 그래서 우리는 세상에 필요한 연구를 더 적극적으로 제안하고, 더 관심을 가지고 지켜봐야 한다. 그래야 의미 있는 활동이 더 많이 나올 수 있다.

월경을 월경이라고 당당하게 말할 수 있는 세상

•

연구뿐만 아니라 온·오프라인 콘텐츠 제작에도 본격적으로 뛰어들었다. 웹사이트에 이지앤모어의 에디터들이 직접 쓴 '월경컵 사용기'나 '월경일지'도 정기적으로 업로딩 되고 있고, 얼마 전에 '월경 박람회'도 열지 않았나. 이 콘텐츠들을 통해 월경을 월경이라고 호명하는 것도 인상적이었다.

월경의 이름을 찾아주고 싶었다. 정확한 명칭이 있음에도 불구하고 '생리'라고 부르지 않나. '생리적인 현상'을 줄여서. 제대로 된 이름으로 호명하지 않으니, 감춰야 할 것 같고 부끄러운 것 같고. 이런 태도가 생리라는 이름에서부터 시작됐다는 생각이 들더라. 우리가 월경을 월경이라고 편하게 부를 수 있는 시대가 된다면 월경이 자연스럽게 우리 일상 속으로 들어올 수 있을 것이라 생각했다. 그래서 다양한 온라인 콘텐츠를 만들었고, 이를 확산하기 위해 애쓰고 있다.

온라인 콘텐츠뿐만 아니라 오프라인에서도 다양한 행사를 열고 고객들을 만날 기회를 만들고 있다. 나와 같은 고민을 하는 누군가가 실제로 존재한다는 사실을 확인하는 것이 큰 위로와 에너지를 만들어내기도 한다.

월경컵 수다회에서 그런 것을 많이 느낀다. 월경컵 수다회는 월경컵 사용법이 궁금하거나 사용하면서 고민이 있는 사람들이 모여서 월경에 대해 이야기하는 작은 모임이다. 월경컵도 만져보고, 사용법에 대한 간단한 강의도 듣는다. 처음 만나는 사람들이다 보니 월경컵 수다회 초반엔 아무도 월경 이야기를 안 꺼낸다. 그러다가 누군가 월경 고민을 털어놓으면 하나둘씩 자연스레 자신의 이야기도 털어놓고, 그러고 나면 그날 처음 만난 사람들이 오랜 친구처럼 친해진다. 적극적으로 월경컵 사용 아이디어나 시도해보고 싶은 부분들을 제안하기도 하고. 고객들이 달라지는 것을 눈으로 확인하고 고객과 동료가 되는 경험은 우리에게도 새로운 시도를 하게 만든다.

고객들의 참여로 만들어진 새로운 시도는 대표적으로 무엇이 있을까?

'질에 월경컵을 직접 넣어볼 수가 없어서 월경컵 수다회에 참여해도 감이 안 온다'는 고객 피드백이 있었다. 몇 차례의 월경컵 수다회를 할 때마다 그런 피드백이 반복됐다. 팀원들과 어떻게 이 문제를 해결할 수 있을지 고민했다. 그러다가 산부인과 의대생들은 무엇을 가지고 배우는지 알아보면 되지 않을까 싶었다. 그래서 찾아보니 포궁(자궁)경부암 수술 실습을 위해 만들어진 기구가 있더라. 여성의 포궁경부를 살펴보고, 직접 손을 넣어볼 수도 있는 모형이었다. 마침 한국에 그 모형을 수입하는 곳이 한 군데 있어서 그곳에 찾아가 구입했다. 월경컵 수다회 때 이 모형을 가지고 월경컵 사용법을 설명하니 훨씬 반응이 좋았다. 덕분에 얼마 전에는 시각장애인 분들과도 월경컵 수다회를 진행했다. 계속 말로만 했다면 불가능한 기회였을 것이다.

그동안 사용자인 여성들의 목소리가 들리지 않았던 시장에서 그들의 목소리를 제대로 듣고 반영하여 여성들을 위한 제품을 만들어내고 있다. 제품 생산에 그치지 않고 그 제품을 둘러싼 인식과 문화도 함께 바꾸어야 결국 여성들에게 좋은 제품이 될 수 있다는 이지앤모어만의 고집도 느껴진다. 이지앤모어에서 직접 만든 월경컵인 블랭크컵을 동물 실험 없이, 안전성 여부를 테스트하는 이유도 이런 맥락과 맞닿는 일이 아닌가?

블랭크컵의 원래 출시 목표 일정은 2018년 6월이었다. 그 일정에 맞춰서 개발을 하던 중에 동물 실험 단계가 됐는데, 동물 실험을 하고 싶지 않았다. 동물 실험을 거치지 않고도 제품을 출시할 방법을 식약처에 문의하니 유통하고자 하는 월경컵에 사용되는 실리콘이 이미 다른 의료기기에 쓰인 것과 동일한 원재료를 썼다는 사실을 입증하거나, 다른 나라에서 사용된 적이 있다는 것을 입증하면 동물 실험 면제 대상이 될 수도 있다는 답이 돌아왔다. 블랭크컵을 만드는 데 들어가는 재료가 실리콘 하나뿐이니 해당 실리콘의 안전성을 입증할 수 있는 자료가 있으면 그걸 제출하라는 말이었다. 그래서 입증용 자료를 모았다. 하지만 결국 블랭크컵 제조에 필요한 실리콘 업체와 조율이 되지 않아서 원재료를 변경하게 됐다. 동물 실험을 하지 않고, 안전하게 만들 수 있는 방법을 좀 더 고민해야 했다. 때문에 제품 출시가 늦어졌고 이 과정을 자세히 정리해서 블랭크컵 크라우드 펀딩에 참여한 서포터들에게 알렸더니 오히려 과분한 응원을 받았다. 더 잘해야겠다는 생각이 들더라.

이지앤모어가 페미사이클을 수입하던 당시, 대형 유통업체에서 입점 요청이 있었다. 하지만 안지혜 대표는 사용자들이 월경컵에 대한 제대로 된 교육 없이 제품을 먼저 만나는 것은 오히려 제품에 대한 오해나 좋지 않은 경험을 만들어낼 가능성이 있다고 여겼다. 대규모 유통보다는 인식 전환과 제대로 된 교육이 중요하다고 생각해 월경컵에 대한 긍정적인 인식과 실제 사용자들의 경험담이 확산될 수 있는 방법을 고민 중이라고 했다. 이렇게 일상을 바꿔보려는 노력 속에서 여성들은 응당 가져야 할 권리를 자연스럽게 갖게 된다. 월경이 스스로의 이름을 찾는 과정 끝엔 자신이 원하고 필요한 것을 적극적으로 선택하여 자신의 경험에서 소외되지 않는 여성들이 존재할 것이다.

월경권의 개념이 부쩍 이야기된다. 월경권이라는 것은 무엇일까?

요즘 여성환경연대 등 사회단체를 비롯해 여러 곳에서 월경권에 대해 이야기한다. 저마다가 얘기하는 월경권의 개념이 조금씩 다를 것이라 생각한다. 접근하는 방법도 다르고. 이지앤모어에서 월경권을 얘기한다면 어떻게 할 수 있을지 생각해봤다. 여성들의 대부분이 월경을 한다는 가정하에 우리가 어떤 식으로 건강하게, 나에게 맞게 월경 기간을 보낼 수 있을지 고민하는 것이 월경권의 핵심 아닐까?

선택권을 여성들이 가져올 수 있는가에 대한 문제라는 이야기이다.

월경과 관련된 건강 정보든 월경용품이든, 여성들이 선택할 수 있는 것들이 너무 적기 때문에 월경권이라는 말이 나왔을 것이라고 생각한다. 지금껏 주어지지 않은 권리니까. 이미 누리고 있는 권리라면, 그것을 권리라는 이름으로 강조하지 않으니까.

여성들이 선택권을 가지게 되면 어떤 장점이 있을까. 몸에 대해서 여성들이 자기 선택권을 가지는 것이 어떤 이점과 변화를 가지고 오게 될까?

선택권이 없다가 선택권이 생기는 것만으로도 이점이고 변화가 아닐까. 한 발 더 나아가면 '나'와 '내 몸'을 따로 생각하지 않게 된다는 것. 이를테면 월경컵을 사용하면 월경혈에 대한 인식이 달라진다. 일회용 생리대를 사용하는 대다수의 여성들은 월경혈을 내 몸에서 나온, 냄새나고 더러운 것이라고 생각하는 경향이 있다. 그러나 월경컵을 사용해보면 월경혈에 대한 편견을 벗어나게 된다. 포궁 길이를 재야 하기 때문에 내 몸 안에 손을 넣어보는 경험도 하게 되고. 실제로 자신의 질을 만져보는 경험을 하고 나면 내 몸, 내

포궁을 보는 눈이 달라진다. 그동안 여성들은 자신의 몸에 대해 잘 몰랐다. 내 몸이고 내 일상인데도 제대로 알고 주체적으로 마주할 수 있는 환경이 아니었던 것이다.

이렇게 여성의 일상을 회복시키려는 노력이 어떤 변화를 가지고 올지 기대된다. 앞으로 이지앤모어는 어떤 길을 가게 될까?

계획되어 있는 것 중에 법이나 기존 제도와 싸워야 하는 일이 있다. 새로운 것을 만들려고 하다 보니 계속 법과 제도를 개정하는 일에 동참할 수밖에 없다. 지금은 월경 문제를 다루지만, 멀리 보고 있는 우리 목표는 여성들이 생애주기별로 겪는 생리적인 현상들을 총체적으로 다루는 기업이 되는 것이다. 여성들만 경험하는 임신, 출산, 완경 같은 다채로운 여성 건강 문제를 해결하는 기업이 되는 것이 우리의 최종적인 목표이다. 조직의 목표라고 한다면 여성들이 가장 일하고 싶은 기업이 되는 것이다.

비혼 인구가 늘어나면서 여성들이 월경을 하는 기간이 더 늘어났다는 연구 결과를 듣기도 했다. 여성의 삶은 이렇게 변화하는데 이를 고려한 비즈니스는 느리게 만들어지는 것 같다. 이런 관점에서 이지앤모어의 역할도 더 커지지 않을까?

트렌드에 맞춰서 여성들에게 필요한 제품이나 서비스를 점차 넓혀갈 예정이다. 그런 흐름을 최전방에서 우리에게 알려줄 고객들과의 소통도 중요할 것이다. 이지앤모어 크라우드 펀딩 서포터들에게 우리의 소식을 계속 알리는 것을 게을리 하지 않는 이유이기도 하다. 신뢰감을 형성하고, 우리 편으로 만들기 위함이다. 함께 만들어 갈 수 있는 판을 계속 만들어 나갈 생각이다. 자본을 얻는 것도 있지만 응원해주실 수 있는 분들을 얻는 것이기도 하니까. 여성들과 같이 만들어 나갈 수 있는 일들을 해나갈 생각이다.

기존에 없던 판을 만들어서 그 판을 넓혀가는 중이다. 그럴 때 가장 필요한 것은 무엇일까?

돈! 그리고 그 다음은 스스로 포기하면 안 된다는 책임감. 넘어야 할 산이 생길 때마다 누구를 위해 하는 일인지를 생각했다. 나를 포함한 여성들을 위한 일이고, 이 일을 할 수 있는 사람이 우리뿐이라는 자신감과 절박함이 있으면 책임감을 가지고 산을 넘을 수 있는 것 같다.

이지앤모어Ease&More의 'Ease'는 '고통이나 불편을 덜어주다'라는 뜻을 가지고 있다. 여성들이 겪는 불편함과 어려움을 덜어줄 수 있는 서비스, 그 이상의 것을 만들어 나가자는 의미에서 지은 이름이라고 한다. 지금까지 그래왔던 것처럼 이지앤모어는 그 이상을 만들어 나가기 위해 해야 하는 일들을 묵묵히 해나갈 것이다. 그것이 사람들의 힘을 모아 법과 제도를 변화시키는 일처럼 어렵고 처음 해보는 일일지라도 말이다. 이지앤모어가 넘을 다음 산은 어디일까. 그 너머에는 여성들의 경험이 소외되지 않는 일상이 있을 것이다.

○

돌봄이 필요한 찰나의 순간에

함께하는 플랫폼

04

○

김희정

짜깍악어 대표

김희정

○

아이 돌봄 서비스 째깍악어 대표

어릴 적부터 다방면에 관심이 많았지만, 어찌된 영문이었는지 대학을 졸업하면 곧장 회사에 취직해야 하는 줄로만 알았다. 대학과 대학원에서 6년간 경영학을 공부하고, 국내 화장품 회사(한국화장품)를 시작으로 외국계 화장품 회사(존슨앤드존슨), 글로벌 의류 회사(리바이스) 거치며 브랜드 마케터로 커리어를 쌓아갔다. 첫아이를 낳은 후, 일의 사회적 가치에 대해 처음으로 고민했다. 더 많은 아이들을 행복하게 해줄 수 있는 일을 하고 싶어 매일유업 유아식 사업본부로 이직해 사업 기획 및 운영을 맡았다. 그러나 40대 워킹맘의 일상은 녹록치 않았다. 아이에게 잠깐의 돌봄이 절실한 순간, 엄마의 몸은 회사에 매여 있었다. 이런 상황이 자신뿐만 아니라 동료, 후배들도 겪는 문제라는 것을 깨닫고 창업을 결심했다. 2016년 9월 아이 돌봄 서비스 '째깍악어'를 창업했다. 대한민국 부모들의 외로운 돌봄 노동을 곁에서 든든하게 돕는 기업을 꿈꾼다.

○

서울시에서 운영하는 시민들의 정치 참여 플랫폼 '민주주의 서울'에서 기획자로 일하던 시절, 어린아이와 단둘이 사는 한 여성을 인터뷰한 적이 있다. 하루는 집안일을 하다가 허리를 삐끗해 아무것도 할 수 없게 된 그는 아이를 안을 수도, 혼자 일어날 수도 없는 상황에서 도움을 청할 곳이 없어 막막했다고 이야기했다. 사전 등록이 필요한 지방자치단체의 돌봄 서비스는 당장 이용할 수 없고, 병원을 가기 위해 아이를 가까운 지인에게 맡기려고 해도 먼 길을 이동해야 했다고. 그 여성이 선택한 방법은 경찰서에 자신을 신고하는 것이었다. 경찰은 신고를 받으면 출동해야만 하고, 그러면 자신과 아이를 발견할 수밖에 없었으므로. 아이 돌봄 문제를 맞벌이하는 여성의 것으로만 생각했던 내게 충격적인 인터뷰였다. 경찰에게 도움을 요청하기 전, 돌이 갓 지난 아이와 함께 누워서 천장을 바라보며 했다는 그의 수만 가지 생각 중 일부도 나는 가늠할 수 없었다. 고작 '엄마가 구급차를 불러 병원에 다녀올 한나절 동안 아이를 맡아줄 누군가가 주변에 있으면 얼마나 좋았을까' 생각한 것이 전부였다.

그런 서비스가 이미 존재한다는 것을 안 건, 그로부터 시간이 조금 지난 후였다. '째깍악어'라는 이름의 서비스였다. 위치 기반으로 돌봄이 필요한 아이와 아이를 돌봐줄 선생님을 연결하는 플랫폼이었다. 단순히 사람을 연결하는 데 그치는 것이 아니라, 깐깐하게 선생님을 채용하고, 돌봄이 필요한 그 순간에 즉시 돌봄 요청이 가능하도록 서비스를 구축한 것이 인상적이었다. 덕분에 창업 2년 만에 특별한 마케팅 없이 2만여 명의 부모 회원과 8천여 명의 선생님들을 연결하는 플랫폼으로 자리 잡았다. 째깍악어의 성장세는 지금 우리 사회에 돌봄의 사각지대가 많고, 시시각각 돌봄 노동에 허덕이는 부모들이 많음을 여실히 보여주는 지표이다.

일하는 여성이자 엄마로서 자신이 겪은 문제를 스스로 해결하기 위해 창업에 나섰다는 김희정 대표의 인터뷰를 보았다. 그리고 궁금해졌다. 자신의 문제를 어떻게 해결해나갔는지, 그 과정에서 어떤 사람들, 사회의 어떤 단면과 마주했는지. 왜 다른 사람의 손에 해결을 맡기지 않고 자신이 직접 나섰는지도. 이런 궁금증을 안고 째깍악어의 사무실이 있는 성수동 헤이그라운드에서 그를 만났다.

째깍악어를 창업하기 전의 이야기가 궁금하다.

어렸을 때부터 좋아하는 것이 많고, 능동적인 사람이었다.

그런데 대다수가 가는 길에 의구심을 갖지 않고 취직을 선택했다. 대학과 대학원에서 경영학을 전공했는데, 졸업하면 바로 취직을 해야 한다는 것이다. 그래서 그때는 취직밖에 답이 없는 줄 알았다. 어디에 취직할까, 내가 무엇을 잘할 수 있을까 생각했는데 화장품 회사에 가고 싶더라. 열심히 준비해서 한국화장품에 입사했다. 가고 싶었던 곳이었기 때문에 입사 후 3년은 아주 즐겁게 일했다.

왜 3년인가?

3년이 지나니까 같이 입사했던 남자 동기들은 진급하는데 여자 동기들은 아예 진급 후보도 못 되더라. 월급도 호봉제에 근거해 받았는데 군대 다녀온 남자 동기들 호봉이 우리보다 높았다. 그게 부당하게 느껴졌다. 우리 팀이 하던 일은 화장품 기획이었는데, 나는 직무에 대한 이해도 높았고 메인 브랜드를 맡아서 매출도 높았다. 그런데 진급도, 월급도 남자들 뒤로 밀렸다. 어느 날 문득 이건 아니라는 생각이 들더라.

그래서 어떻게 했나?

외국계 회사에 가면 그런 차별이 없다는 얘기를 들었다. 그래서 영어 공부를 시작했다. 그렇게 준비해서 존슨앤드존슨이라는 외국계 화장품 회사에 브랜드 매니저로 들어갔다. 많이 배우고 즐겁게 일했는데 2년 정도 일하고 났더니 사업이 하고 싶어졌다. 내가 열심히 일해도 돈이 내가 모르는 어디론가 가버리는 것 같았다. 매출과 영업 이익을 엄청 높여 놓아도 내 월급은 똑같고. (웃음) 그런데 이게 내 사업이면 괜찮겠다 싶더라. 그래서 직장 생활을 그만두고 사업을 시작했다.

문제를 느끼면 회피하지 않고, 그것을 해결하기 위해 빠르게 행동한다.

내 성격이다. 모른 척하거나 시류에 편승하기보다는 뭐가 되었든 스스로 답을 고민하고 해결하는 걸 좋아한다. 그런 행동이 소극적으로 이루어질 때도 있었지만, 언제나 피하지는 않았다. 내 삶과 커리어가 그렇게 줄곧 이어져 온 것 같다.

자기 사업을 하고 싶어 회사를 그만둔 김희정 대표는 한 의류 회사의 종업원으로 들어간다. 일을 배워 자기 사업을 시작하기 위해서였다. 제품 관리는 어떻게 하는지, 종업원 관리는 어떻게 해야 하는지, 영업은 어떻게 하는지 배운 뒤에야 의류 소매업을 시작했다. 이 과정에서 경영에 관해 좀 더 배우고 싶다는 생각을 하게 된다. 또 다른 질문들이 이어졌기 때문이다. 어떻게 하면 사람을 더 잘 관리할까, 어떻게 하면 절세할 수 있나, 어떻게 하면 원가를 절약할 수 있나. 고민 끝에 사업을 정리하고 글로벌 의류 브랜드인 리바이스의 브랜드 매니저로 입사해 직장 생활을 다시 시작했다. 그곳에서 전통을 가진 글로벌 브랜드가 어떻게 회사를 운영해나가는지 배웠다.

김희정 대표는 일을 하면서 마주친 경험 속에서 새로운 질문을 던지고 자신의 필요를 발견한다. 발견한 것은 그냥 지나치지 않고, 적극적으로 응답하며 자신만의 커리어와 삶을 이어나간다. 그가 거친 각각의 직장들이 점이라면, 그 점을 이어 완성한 선은 새로운 경험과 질문을 가지게 된 김희정 자신이다. 김희정 대표의 커리어는 다음 단계가 빤하게 예측되는 계단이 아니라 이야기를 가진 별자리라는 생각이 들었다.

일의 사회적 가치에 대해 눈뜨다

•

리바이스에서 일하다가 매일유업으로 이직했다. 그간의 커리어

를 봤을 때, 커리어 전환이라고도 볼 수 있는 업계로 진로를 변경했는데 특별한 이유가 있나?

결혼을 하고 아이를 낳았는데, 립스틱과 옷을 파는 행위에 대해 문득 회의가 들었다. 굳이 유행하는 색깔의 립스틱을 찾아서 안 발라도 되고, 스키니 진이 유행이라고 해도 모두가 그걸 입지 않아도 되는데, 나는 앞장서서 '그래야 한다'고 떠드는 사람이지 않았나. 출산과 육아를 하면서 그보다는 좀 더 세상에 필요한 일을 하고 싶었다. 아이를 낳으니까 내 아이뿐만 아니라 다른 아이도 예쁘더라. 모든 아이가 행복해져야 내 아이도 행복하겠다는 생각이 들었다. 그래서 그 아이들을 위한 제품을 만드는 매일유업으로 자리를 옮겼다. 일의 사회적 가치에 대해 진지하게 고민하기 시작한 것이 이때부터이다.

아이를 키우면서 일한다는 것은 일의 사회적 가치를 추구하는 것과는 또 다른 차원의 문제가 아닌가. 일과 육아를 병행하기가 쉽지는 않았을 것 같다.

매일유업에서 하던 일 자체는 굉장히 보람 있었다. 일을 한다든지, 건강상의 이유 때문이라든지 다양한 사정으로 모유수유가 힘든 엄마들이 있다. 그러면 분유로 대체하는 수밖에 없다. 그런데 영유아기에 분유를 먹이는 다수의 엄마들이 죄책감을 느낀다. 자신의 선택이 아이에게 안 좋은 영향을 끼칠까 봐. 좋은 분유를 만들어서 엄마들이 분유를 먹이면서도 건강하게 아이를 양육할 수 있도록 돕는 일을 한다는 것에 대해서 자부심이 무척 컸다. 하지만 내가 여자이고 엄마이기 때문에 일하면서 느끼는 불편함이 존재했다.

구체적으로 어떤 것이었나?

이를테면 이런 것이었다. 오후 3시에 회의에 참석해 우리 본부를 대표하는 보고를 해야 하는데 유치원에서 전화가 오는 거다. "어머님, 지금 아이가 열이 나는데 데려가셔야겠어요." 어떻게 데려가나? 나는 지금 당장 중요한 보고를 앞두고 있는데. 후배들도 마찬가지였다. 잠깐 봐줄 사람이 없으니 애들을 학원으로 돌렸다. 그런데 애들이 놀다가 학원 셔틀버스를 놓치곤 한다. 그러면 엄마에게 전화가 온다. "엄마, 나 셔틀 놓쳤어." 그 상황에서 할 수 있는 답이 뭔지 아나. "너 거기 그대로 있어. 엄마가 지금 경찰차를 거기로 보낼 거야. 그거 타고 경찰서에 가 있어." 상상이 되나. 아이에게 이런 말을 하면서 엄마들은 그 짧은 순간, 수만 가지 생각을 한다. '나의 욕심 때문에 아이를 망치고 있는 것은 아닌가', '내가 정말 회사를 그만둬야 하나' 하면서. 그렇게 그만두는 후배들을 많이 봤다. '왜 이런 전화를 엄마만 받아야 하느냐' 하는 생각까지 가기 전에 그 찰나의 순간을 당장 돌봐줄 수 있는 누군가가 있다면 어떨까 하는 생각을 하게 됐다.

이번에도 김희정 대표는 자신이 발견한 문제를 그냥 넘어가지 않았다. 그리고 그 문제를 자신이 직접 해결하기로 마음먹었다. 규모 있는 기업의 중간 관리자로 일하며 임금, 복지 등 아쉬울 것이 없어 보였던 40대 워킹맘이 창업을 선언하자 주변에서는 만류했다. 하지만 늘 자기답게 문제를 돌파해 온 김희정 대표에게 이 문제를 제대로, 그답게 해결할 수 있는 방법은 창업뿐이었다. 자신이 가장 잘 아는 문제인데다가 그에게는 이를 풀어낼 수 있는 자신만의 아이디어도 있었기 때문이다.

'일하는 사람'이자 '지민이 엄마'로 살기 위한 선택

•

창업을 위해 처음 한 일은 무엇인가?

일단 검색을 해봤다. 위치 정보에 기반해서 실시간으로 '나를 좀 도와주세요' 했을 때, 도움을 주는 서비스가 있는지. 우리나라엔 없더라. 미국엔 비슷한 서비스들이 있었다. 태스크래빗Task Rabbit이 대표적인 서비스이다. 우리도 이런 것이 있으면 어떨까 하고 사업을 구상했다.

태스크래빗은 어떤 서비스인가?

태스크래빗은 째깍악어보다 서비스 범위가 조금 더 크지만, 플랫폼이 운용되는 방식은 유사하다. 태스크래빗은 단기 아르바이트 중개 서비스인데, IBM의 소프트웨어 엔지니어였던 리 부스케라는 사람이 강아지 사료를 사러 가는 것이 번거로워 심부름을 대신해줄 사람을 주변에서 쉽게 구하게 해줄 웹사이트를 고안하다가 만들어진 플랫폼이다. 나는 돌봄 노동을 서포팅해줄, 이와 같은 플랫폼이 한국에 있으면 어떨까 했다.

돌봄의 사각지대 문제를 해결하는 것 이외에 또 고려한 것이 있나?

일하는 사람이 부자연스러운 조직은 만들지 말자고 다짐했다. 회사에서 한창 일할 때, 엄마이면서도 엄마인 티를 안

내고 남들과 똑같이 경쟁하고 싶었다. 첫 회사에서 군대를 다녀오지 않았다는 이유로 차별을 받아봤으니까. 그래서 그 때는 내가 남자들과 똑같이 해야 회사에 당당하게 나의 권리를 요구할 수 있다고 생각했다. 3주짜리 해외 출장을 군말 없이 갔고, 1년의 반 이상을 출장으로 보낸 적도 있었다. 그렇게 살았다. 그랬더니 후배들에게 나의 행동이 기준이 되더라. 가족을 위해 일하는 것인데 막상 내 일상에 가족이 없는 그런 삶이 당연한 것이 되어 있었다. 어느 순간 그것이 부자연스럽게 느껴졌다. 누구보다도 열심히 일하는 여자 후배들이 더 존중받고 이해받을 수 있는 조직을 만들어야겠다고 생각했다. 조직의 입장에서도 더 좋은 결과물을 가져갈 수 있을 것이라는 생각을 했다.

그렇게 만들어진 것이 째깍악어인 것인가?

맞다. 문제의식에 공감하는 후배들과 함께 육아휴직 기간 동안 사업을 구상했고, 사회적 기업가 육성사업 지원을 받아서 시작했다. 그러나 사업을 함께 구상했던 후배들이 경제적 이유 등 각자의 사정으로 현업에 남게 되었고, 초기 운영은 나 혼자 했다.

딸이 째깍악어라는 이름의 아이디어를 냈다고 들었다.

사업하면서 딸에게 물어볼 것이 많이 생겼다. 아이들이 생각보다 기준도 명쾌하고, 많은 것을 알고 있더라. 더군다나 우리 서비스는 아이들을 위한 서비스가 아닌가. 그래서 물어봤다. 이름을 정할 때도 그랬다. "엄마가 바쁠 때 너를 누구한테 좀 부탁하고 싶은데, 그 선생님은 너를 안전하게 해줄 거고 즐겁게 해줄 거야. 이걸 뭐라고 부르면 좋을까?" 했더니 "째깍악어!" 이러는 거다. 째깍악어는 《피터팬》에 나오는 캐릭터인데 후크 선장이 가장 무서워하는 대상이다. 그런데 아이들에게는 친근하게 행동하고, 무엇보다 되게 웃기다고 하더라. 생각해보니까 '째깍째깍'이라는 의성어가 엄마들이 자신만의 시간을 가질 수 있도록 돕는 우리 서비스와 굉장히 잘 어울렸다. 악어라는 캐릭터가 듬직해 보이기도 하고. 정말 딱이라는 생각이 들었다. 딸에게 고마워하며 바로 사업자 등록을 했다.

딸이 초기 동업자이다.

지금도 여전히 동업자이다. 내가 그렇게 딸에게 질문해서 회사 이름이 되지 않았나. 그러면 딸에게도 내적 동기가 생긴다. '내가 함께 만든 회사니까 잘 되어야 해'라고 생각하는 것이다. 지금도 계속 아이디어를 준다. "엄마, 째깍악어 선생님들이 유니폼을 입고 다니면 좋겠어. 그래야 멀리서 봤을 때에도 째깍악어 선생님인 줄 알고 다들 안심할 거 아니야." 이를테면 이런 식이다.

인터뷰 전, 인사를 나누며 김희정 대표가 건넨 명함이 다시 눈에 들어왔다. 명함에는 '강지민 엄마 김희정'이라고 쓰여 있었다. 엄마의 든든한 동업자 역할을 하고 있는 딸이 손글씨로 쓴 이름이었다. 직원이 늘어나면서 째깍악어에는 아이가 없는 사람들도 입사했는데 이런 경우에는 명함에 자신의 이름만 쓴다고 했다. 당연하고 자연스러운 일이다. 누구의 엄마라는 것, 누구의 아빠라는 것을 자연스럽게 드러낼 수 있다면, 누구의 무엇도 아닌 개인 역시 자신을 드러내고 인정받는 것에 불편함이 없어야 한다. 엄마의 이름을 버리고 전투적인 내가 되어 출근하는 것이 부자연스럽게 느껴졌던 김희정 대표는 이런 작은 부분들부터 회사를 나와 만든 조직에서 실현시키고 있었다.

직원들이 즐거운 책임감을 가지고 일하는 회사

•

창업하고 나서 첫 직원을 어떻게 만났나?

스타트업이 첫 직원을 만나는 것은 어려운 일이다. 듣도 보도 못한 회사이고, 언제 망할지도 모르고, 대표가 어떤 역량이 있는지도 잘 모르는데 누가 지원서를 쓰겠나. 처음엔 혼자 일했고, 업무량이 많아진 뒤로는 매일유업에서 만난 후배에게 파트타임 아르바이트를 부탁했다. 고객들을 관리하고 전화로 불편사항을 처리하는 일을 맡겼다. 그러다가 인력이 더 필요해서 채용 공고를 냈다. 생각보다 지원자가 많아 그중에서 세 명의 인턴을 뽑았고, 이 중에 한 명을 신입사원으로 정식 고용했다.

지금은 몇 명이 함께 일하나?

열세 명이 함께 일한다.

직원을 뽑을 때 가장 중요하게 보는 것은 무엇인가?

태도를 제일 많이 본다. 얼마 전 직원들과 워크숍을 다녀왔는데 우리 조직을 다른 사람에게 설명해야 한다면 뭐라고 설명할 것이냐고 물었더니, 한 직원이 "직원들이 째깍악어를 정말 좋아해요"라고 설명할 것이라고 했다. 내가 봐도 직원들이 우리 회사를 좋아한다. 왜 그럴까 살펴봤더니 스스로를 째깍악어의 주인이라고 생각하는 것 같다. 이런 주인의식이 가능하려면 일에 대한 태도가 좋아야 한다. 무언가 일을 제안하고 줬을 때, '정말 내가 직접 해도 된다고? 그러면 내가 이것을 내 몫으로 만들어보지' 하는 태도. 그러기 위해서는 자율과 책임이 제일 중요한 것 같다. 나는 선을 긋고 직원들을 그 안에 가두지 않으려고 한다. 더 나은 방법을 스스로 생각해내고 그것을 실행해보게 한다. 혹여 실패를 하더라도 다시 시도할 수 있도록 독려하는 편이다. 이렇게 자율과 책임을 경험하고 나면 업무 능률뿐만 아니라 직원들 스스로도 자기 효능감이 높아진다.

하지만 그런 태도를 가지는 것이 기존의 조직 구조 안에서는 힘든 부분이 있다. 아무리 내가 주인이라고 생각해도 실제 주인은 내가 아니고, 특히 결정적인 순간에 이런 점이 가장 잘 드러나지 않나. 예를 들어 회사가 곧 구조조정을 한다거나 매각될 위기에 있다고 하자. 직원들 입장에서는 바로 다음 날 월급이 안 나오고, 멀쩡히 다니던 회사가 없어져 일자리를 잃는 피해를 입

는다. 반면 임원들은 이런 정보를 사전에 다 알고 자기 살 길을 모색할 시간을 마련한다. 회사의 중요한 정보에 대해 직원들이 소외되는 구조 속에서 스스로 주인이라고 느끼는 것은 어려운 일 아닌가?

맞다. 주주가 있는데 그것과 상관없이 직원들이 모두 주인이라는 순진한 이야기를 하는 것은 아니다. 조직원들이 내 능력, 내 노동력을 착취당하고 있다는 느낌을 가지지 않도록 하는 것이 중요하다는 말이다. 그것이 내가 할 일이라고 생각했다. 우리 조직은 매출과 통장 잔고 내역을 모든 직원들과 공유한다. 사장이라고 해서 월급을 더 받지 않는다. 내가 열심히 일하는데 사장만 돈 버는 회사는 아니었으면 좋겠다는 브랜드 매니저 시절의 내 경험이 반영된 것이기도 하다. 조직 운영에 관한 세부사항과 투자자들의 피드백까지 모두 공유하면, 직원들은 '이런 부분에서 어떤 개선이 필요하겠구나'라는 생각을 하게 된다. 그리고 적극적으로 그 생각을 회사 운영에 반영해 가시화 되게끔 이끈다. 자신의 힘으로 일궈낸 성과는 자신의 몫으로 가져갈 수 있도록 구조를 만들어주는 것이다.

또 이야기할 만한 째깍악어의 조직문화는 무엇이 있을까?

우리는 야근을 하려면 왜 야근을 하는지 사유를 보고하고 야근해야 한다. 퇴근할 때는 따로 인사하지 않고, 눈치 보지 않고 알아서 퇴근한다. 대신 해야 할 일을 칼같이 해야 한다. 그것이 때로는 직원들에게 부담이 되기도 할 것이다. 정시퇴근이라고 해서 업무를 안 해도 된다는 것은 아니니까. 대신 일과 중 킬링 타임을 줄이면 된다. 그 때문인지 직원들이 시간 관리를 잘한다. 시간을 허투루 쓰는 사람이 없는 것이다. 대표가 집에 안 가니까 자리에 남아 있는 식의 문화가 없다. 가끔 일하다 뒤돌아보면 아무도 없다. (웃음)

이유가 있어야만 야근을 할 수 있다는 것이 인상적이다.

째깍악어는 야근하면 급여를 지급한다. 회사 입장에서는 야근수당도 비용이기 때문에, 직원들에게 '가급적 야근하지 말고 주어진 시간에 일을 해주세요'라고 요구할 수 있다. 만일 일과 시간에 모두 처리하기에는 부여된 일이 너무 많다면 다른 업무를 줄일지, 사람을 늘릴지, 아니면 본인의 효율이 떨어지는 것은 아닐지 등에 대해 점검해보면서 해결책을 찾으면 된다.

김희정 대표는 함께 일하는 사람들의 의견을 신뢰하고 적극적으로 경청한다. 그에게 '듣는다'는 이야기를 들은 후의 변화를 함께 확인하는 일까지를 포함한 개념이라는 생각이 들었다. 째깍악어 구성원들이 가지고 있는 책임감은 여기에서 출발한다. 끝까지 책임지고 해내면 회사의 중요한 역사로 기록되는 구조, 의견을 제시하면 그 의견을 수용해 변화하는 과정이 투명하게 보이는 의사소통 방식이 자율적이고 책임감 있는 조직문화를 만들어가고 있었다. 김희정 대표의 '듣기'는 조직문화뿐만 아니라 서비스 기획에 있어서도 그대로 적용된다.

서비스 사용자와 제공자 모두에게 열려 있는 귀

•

2017년 11월부터 유치원 정교사 자격증을 가진 전문가들이 악어 선생님째깍악어에서는 선생님들을 '악어 선생님'이라는 애칭으로 부른다**으로 고용되기 시작했다.**

원래는 대학생 선생님들이 악어 선생님으로 일했다. 그러다 보니 3세 이상을 대상으로 한 서비스만 가능했다. 3세 미만의 아이들은 함께 놀고, 공부하는 것 이상의 전문적인 돌봄이 필요하기 때문이다. 그런데 우리 서비스가 입소문이 나면서, 한 살 두 살짜리 아이를 둔 부모들의 돌봄 요청도 들어왔다. 그래서 방법을 찾아봤다. 우리나라에 보건복지부장관이 자격증을 발급한 보육교사가 130만 명이다. 그중 20퍼센트만 현업에 있다는 정보를 봤다. 그리고 교육부장관이 발급한 유치원교사 자격증을 가진 사람의 30퍼센트만 현업에 있다. 알고 보니 결혼하고 임신을 하면 보육교사, 유치원교사 일을 그만두는 것이다. 이렇게 내 아이를 키우느라고 경력단절한 뒤 아이가 좀 커서 다시 현업으로 돌아가려고 하면 그때는 돌아갈 곳이 없다. 전문가들인데다가 심지어 내 아이도 키워본 경험을 갖추었는데도. 이분들한테는 직장으로 선택할 수 있는 곳이 유치원 아니면 어린이집뿐이다. 탄력적인 직장 선택권이 없었다. 너무 유연성이 없는 영역인 것이다. 이분들도 자기 아이 양육 때문에 종일 근무는 어렵다. 그렇다면 비는 시간에 전문성과 육아 경력을 살려 일할 수 있는 시간제 돌봄 서비스 플랫폼이 이분들에게 유연성 있는 일자리를 제공할 수 있겠다는 생각이 들었다.

보육교사 자격증, 유치원교사 자격증을 가진 여성들을 악어 선생님으로 고용함으로써 단순히 돌봄 가능한 연령이 낮아진 것

뿐만 아니라, 경력단절 여성을 위한 일자리 창출이라는 새로운 효과를 갖게 됐다. 이런 효과를 예상했나?

처음부터 예상한 것은 아니다. 3세 이상만 서비스가 가능한, 비즈니스적으로 제한적인 상황을 돌파하기 위한 열쇠를 찾았던 것인데 다른 문이 같이 열린 셈이다. 악어 선생님들과 정기적으로 대면 면접과 교육 시간을 갖는데, 그 자리에서 엄마 악어 선생님들이 자신의 이야기를 하다가 우시기도 한다. 아이가 좋아서 유아교육과에 갔고, 아이 키우느라고 경력이 단절되었는데, 아이 키우고 보니 할 수 있는 일이 없어 낙담하고 있을 때, 내 아이를 키워본 경험이 도움이 되는 일자리를 찾아서 행복하시다고 한다. 엄마 악어 선생님들이 누군가에게 도움이 되는 삶을 다시 살 수 있게 된 것이 좋다고 하시며 우실 때, 나 역시 마음이 뭉클했다.

전업주부들도 째깍악어 서비스를 이용하는지 궁금하다. 돌봄 서비스는 주로 직장에서 일하는 엄마들을 위한 서비스로 여겨지는데, 생각해보면 전업주부 역시 집에서 퇴근하지 못하고 일하는 여성이다. 그들에게도 째깍악어가 필요하지 않을까?

돌봄 신청을 하는 부모들의 직업 조사를 따로 하지는 않기 때문에 정확한 수치를 파악하기는 어렵지만, 선생님들의 후기를 들어보면 전업주부들도 많이 이용하는 것으로 보인다. 전업주부들도 힘들 수밖에 없는데 아이를 돌보는 일 자체가 어렵기 때문이다. 또 어느 정도의 전문성도 필요하다. 아이가 둘인 전업주부들도 많이 이용한다. 둘째가 태어나면 첫째를 돌보는 것이 힘에 부친다. 일주일에 두 시간 정도 큰애와 함께 시간을 보내줄 누군가가 필요하다. 아이를 돌보고 집안일을 하는 것 외에 한 명의 개인으로서 할 일들이 있는데 그걸 할, 혼자만의 단 몇 시간이 필요한 분들도 우리 서비스의 이용자들이다. 또 아이가 어느 정도 커서 나만의 커리어를 새로 준비하고 싶어 하는 엄마들도 이용한다. 학원을 가야 하는데, 그 시간 동안만 아이를 봐줄 사람이 필요한 것이다. 만삭인 엄마, 남자형제만 셋인 엄마 등 다양한 분들이 째깍악어를 찾는다. 돌봄 노동은 아주 다양한 형태로 존재하지만, 돌봄 노동의 바깥에 있는 사람들에게는 그 노동의 고됨이 잘 헤아려지지 않는다. 엄마도 생리를 한다. 허리가 끊어질 것 같을 때, 아플 때, 아이를 함께 돌봐줄 누군가 필요하다.

우리에겐 단순히 '전업주부'라는 카테고리로 뭉뚱그려 분류되는 사람들이 째깍악어에게는 '학원 가는 엄마', '만삭인데 첫째를 돌봐야 하는 엄마', '생리하는 엄마'처럼 개별적인 개인이자 고객이 된다. 김희정 대표가 자신이 경험한 문제를 해결하기 위해 시작한 째깍악어는 고객들의 다양한 삶을 만나 그 삶을 이해하고, 해결할 방법을 구체적으로 상상하면서 서비스를 발전시켜 나간다. 그리고 미리부터 염두에 둔 것은 아니었지만 필연적으로 사회의 문제를 해결하는 데까지 이르렀다. 일이라는 것은 그것을 제대로 해나가는 것만으로도 변하지 않을 것 같은 견고한 사회 구조에 균열을 낸다.

어느 정도의 고객들이 이 서비스를 이용하고 있나?

부모님 2만여 명, 악어 선생님 지원자 8천여 명, 그중 교육과 검증을 다 마쳐서 악어 선생님으로 정식 등록된 분이 1천 1백 명 정도 된다. 1년 반 동안의 성과이다. 사실 고객 수를 더 확장하려면 할 수도 있었다. 하지만 그동안은 고객 확보에 열중하기보다는, 고객들이 우리 서비스를 이용하는 과정에서 만나는 불편과 실수를 줄이는 데에 집중했다. 언제 알림을 해야 불편해하지 않을까, 악어 선생님은 어떻게 보호할까, 아이는 어떻게 보호할까. 이런 것들을 검증하고 시스템을 안정화시키는 일을 했다. 외부 투자를 통해서 회사 규모를 확대했을 때, 갑자기 회사의 기본이 흔들리고 무너지면 안 되니까. 그걸 감안해서 1년 반 동안은 시스템을 다지는 일을 했다.

이야기를 들을수록 더 많은 사람들이 째깍악어를 이용했으면 좋겠다. 아이와 둘만 사는 취약계층 여성들도 있지 않나. 그들도 돌봄이 필요한 순간이 많을 것 같다.

'언제 어디서나 내가 없어도 누군가가 안전하게 우리 애를 맡아줬으면 좋겠어'라고 바라는 부모님들 모두가 째깍악어를 알고 계시면 좋겠다. 취약계층이신 분들도 경제적 부담 없이 우리 서비스를 이용했으면 좋겠다. 비혼모이거나 장애아를 키우거나, 부모가 장애를 가졌거나, 조손 가정이거나 하는 등 돌봄 서비스가 필요한 곳이 너무 많다. 그런 마음에서 현재 취약계층 할인을 하고 있지만, 지금 시행 중인 취약계층 할인은 그냥 우리 운영비에서 30퍼센트를 제하는 방식이다. 그런데 할인을 해도 그분들에게는 비싼 가격일 수 있다. 하지만 더 내릴 수는 없다. 선생님들에게 무료로 일을 하라고 할 수는 없기 때문이다. 그분들 역시 취약계층일 수도 있으니까.

사실 이 부분은 정부에서 신경을 써야 하는 영역인데.

정부가 가지고 있는 보육 예산이 있는데 그런 예산 대부분이 시설로 간다. 정부 입장에서는 국민들이 낸 세금인데 검증이 안 된 민간에 쓰면 안 되니까. 이해한다. 대신에 이런 다양한 수요가 있음을 인정하고, 철저한 인·허가 기준을 세워서 민간업체들을 검증하고, 지원해주었으면 좋겠다. 몸집이 큰 정부에서는 할 수 없는 서비스 기획이 있다. 그런 것들을 민간에서 하게 만들고, 예산이 국민들에게 실질적으로 잘 쓰일 수 있도록 정책이 변화해야 한다. 그걸 조금씩 요구하는 중이다. 여성가족부에서 문의를 해오거나 정책 자문을 하는 자리에 초대되면 반복해서 이 얘길 한다. "정부는 큼직하고 굵직한 것에 투자하고, 민간은 그 사이에 생기는 구멍을 메울게요. 각자 잘하는 거 합시다."

늘 민간이 성큼성큼 앞서 걷는 데 비해 제도는 늦고, 또 부실하기도 하다. 기존에 없는 것을 만들어 나가기 위해서는 어쩔 수 없이 법이나 제도를 만드는 이들과 대화를 하면서 그것들을 구축해가는 역할도 필요하더라.

아직은 무척 작은 목소리이다. 육아를 해보니까 아이를 돌본다는 것 자체가 내 능력을 향상시키는 연수의 계기가 되더라. 아이가 눈만 찡긋 해도 무엇을 원하는지 알아차리게 되고, 아이의 성장주기에 맞춰 인생 5개년 계획, 10개년 계획도 세우고. 멀티태스킹도 하고. 아이에게 어떻게 동기부여를 해야 하는지 깨닫기도 하고. 이 모든 것이 조직을 운용할 때에도 필요한 능력이다. 그래서 육아의 가치와 효용에 대해, 육아가 어떻게 나의 경력을 더 강화해왔는지에 대해서도 기회가 닿을 때마다 이야기하려고 한다. 이런 말을 고객인 부모님들과의 모임에서도 하고, 악어 선생님들을 교육할 때도 한다. 그런 자리에서 이해받았다고 느끼는 고객들이 입소문을 내주셔서 외부에서 좋게 평가가 되다 보니 정부나 정치인들이 우리 서비스에 관심을 가지기도 한다. 제도 변화와 관련해서는 아직 가시적인 성과가 없지만, 필요가 늘어나고 있으니 언젠가 바뀔 날이 있을 것이다.

째깍악어는 궁극적으로 아이가 있는 가정의 돌봄 문제를 해결하는 기업이다. 하지만 일하는 여성, 전업주부, 경력단절 여성 등 혼자서는 해결할 수 없는, 누군가와의 연대나 도움을 통해야만 해결될 수 있는 문제를 가지고 있는 여성들을 위한 서비스이기도 하다. 자기 문제를 해결하기 위해 사업을 시작한 여성 기업가 김희정이 뒤에 올 여성들에게 들려주고 싶은 말이 있는지 궁금했다.

베이스캠프를 올리는 여성들이 더욱더 많아지기를

•

주변 친구들이 이제 리더십을 가지고 후배들과 함께 일을 해야 하는 시기, 또는 조직이나 팀을 이끌어 갈 시기를 맞고 있다. 그런데 일을 잘하는 것과 리더십을 갖는다는 것은 다른 결의 이야기라는 생각이 든다. 효율적으로 분업하고 팀원 모두가 함께 결과를 내기까지의 과정을 주도해야 하는데, 그것이 잘 되지 않을 때가 있지 않은가?

회사 다닐 때 열 몇 명의 팀원을 이끌었는데, 나는 되게 일 안 하는 팀장이었다. 다른 팀장들은 본인이 주도적으로 프로젝트를 진행하고, 보고서도 혼자 쓰고, 팀원들한테는 리서치만 시켰다. 그런데 나는 그냥 백지만 줬다. 불만이 있는 팀원도 있었을 것이다. 내가 팀원들에게 가이드를 주는 것은 문제가 잘 안 풀린다고 할 때부터였다. 시간이 오래 걸리긴 해도 그렇게 일하면 다음엔 서로가 더 편해진다. 팀원들 저마다 문제 해결력이 생기기 때문이다. 그렇게 해서 팀장처럼 일하는 사람을 기르는 것이다. 리더는 스스로 일할 수 있는 사람을 길러야 한다. 기를 수 있다.

권한을 주고 맡기는 과정에서 느끼는 불안이 클 수도 있다. 불안을 어떻게 다스리면서 믿고 맡기나?

다스리지 못한다. 그냥 견딘다. 그 불안을 떠안는 것이 내가 할 일이다. 그렇게 하면 일을 맡은 사람의 내적 동기가 더 커진다. 그게 일을 제대로 되게끔 만든다.

리더가 갖춰야 할 덕목 중 하나는 불안을 견디는 능력인가 보다. 팀원이 어떻게 일을 해나가든지 간에 무엇인가를 열어가고 있을 것이라는 기대를 하면서.

나 혼자서는 그 많은 문제들을 다 못 푼다. 내가 최대한 많은 문제를 해결해나가는 방법은 조직 구성원들에게 적절히 권한을 나누어주고 자기 몫을 제대로 가져갈 수 있는 구조를 만들어주는 것이다.

비슷한 길을 걸어갈 후배 여성들을 위해 더 하고 싶은 말이 있다면?

요즘 에베레스트산을 정복하는 사람이 많아졌다고 하더라. 그 이유가 무엇인지 아나?

기술이 좋아져서인가?

먼저 올라간 사람들이 베이스캠프를 조금씩 높여 놓아서 그렇다고 한다. 정상에 스스로 올라가야 할 거리가 점점 짧아지는 것이다. 나는 내 일도 하지만 일하는 여성들 전체의 베이스캠프를 높이는 역할도 하고 있다고 생각한다. 기존의 틀로 규정지을 수 없는 일을 해나가는 과정에서 찾아오는 불안을 불편해하지 않도록 돕는 역할을 하는 것이다. 나이 마흔이 넘어 창업했다. 억대 연봉 받다가 그만둔다고 하니 다들 미쳤다고 했다. 하지만 이런 길도 있는 것이다. 지금 자신의 상황을 불안해하며 일하거나 일을 그만두려는 여성들이, 자신이 지금 해내고 있는 일을 통해 다음 세대 여성들을 위한 베이스캠프가 높아진다고 생각했으면 좋겠다. 그리고 뒤에 오는 여성들이 우리가 올려둔 베이스캠프를 발판삼아서 더 다양한 방식으로 자기 목표에 쉽게 도달했으면 좋겠다.

김희정 개인의 목표라고 해도 될까?

그렇다. 물론 나의 가장 큰 목표와 포부는 아이를 키우는 모든 가정이 언제든지, 어디에 있든지 "째깍악어 불러. 째깍악어에 맡겨" 할 수 있는 서비스가 되는 것이다. 앞으로 그렇게 만들 일만 남았다. 우리는 이제 시작이다.

째깍악어는 김희정 대표가 일하는 엄마로서 일터에서 마주한 문제를 풀기 위해 시작됐다. 그가 문제를 해결할 수 있는 방법을 고민해 사업으로 만들고, 일하는 부모들의 돌봄 문제를 해결하기 시작하자 그것이 다른 문제들을 같이 해결해 나갔다. 전업주부들도 돌봄의 공백을 메울 수 있게 됐고, 보육교사, 유치원교사들의 경력단절 문제도 함께 다룰 수 있게 됐다.

스스로 일터를 만들어낸 김희정 대표의 모습은 롤모델이 없어 진로를 막막하게 생각하고 있는 여성들에게 힌트가 될 것이다. 서로 연결되어 있는 사회에서 약한 연결 고리를 건드리는 것은 모두가 살기에 더 좋은 사회를 만드는 하나의 방법이 된다.

김희정 대표는 돌봄 노동의 사각지대라는 우리 사회의 취약한 문제를 해결해 나가며 자신이 만든 일터를 단단히 다지고 있다. 앞으로 째깍악어가 누구나 "째깍악어 불러, 째깍악어에 맡겨"라고 말할 수 있는 서비스로 발전해가는 동안 어떤 사회적 문제들이 새롭게 해답을 찾을지 기대된다.

○

‘그림자 노동’의 그림자를 걷어내고
가사 노동의 가치를 재정립하다

05

○

연현주

생활연구소 대표

연현주

○

모바일 기반 종합 홈 플랫폼 생활연구소 대표

세 아들을 키우며 일과 가정 사이를 분주히 오가는 12년 차 워킹맘. 다음커뮤니케이션, 엔씨소프트에서 전략, 기획 업무를 담당했고, 2012년 카카오에 입사해 이모티콘 스토어를 만들어 유료 이모티콘 서비스의 바탕을 다졌다. 카카오가 온·오프라인 연계 서비스를 확장하던 시기, 모바일 기반 청소 서비스 '카카오홈클린'의 런칭을 기획했다. 그러나 준비 중이던 서비스가 내부 사정으로 돌연 출시 계획이 백지화된다. 창업을 해서라도 그간 준비했던 서비스를 세상에 선보이고 싶어 2017년, 마음이 맞는 직원들과 함께 카카오를 퇴사하고 '생활연구소'를 창업하고 '청소연구소' 서비스를 시작했다. 경제활동이나 육아로 살림을 챙기기 어려운 여성들은 가사 노동의 부담을 한결 덜 수 있고, 경력이 단절된 중·장년 여성들은 자신의 살림 노하우를 살려 경제적으로 독립할 수 있는 일자리를 창출하여 여성이 여성을 돕는 선순환의 구조를 만들고자 한다.

○

철학자 이반 일리치는 가내 공간에서 주부가 행하는 노동을 '그림자 노동'이라고 이름 붙였다. 그림자 노동은 다른 가족 구성원이 임금 취득자로 계속 일할 수 있도록 해주는 필요 조건이지만 그 노동의 존재는 누구에게도 보이지 않고, 인정받지 못한 채로 수행된다고 그는 덧붙여 말했다. 대가 없는 노동을 발판으로 사회는 성장 가도를 달렸다.

이반 일리치가 그림자 노동에 대한 문제를 제기한 것은 1970년대의 일이다. 이후 여성의 사회적 지위가 높아졌고, 창조적 능력을 이용해 임금 노동을 하는 여성들이 많아졌다. 2015년 기준, 한국의 여성 고용률은 50퍼센트를 넘어섰다. 여성의 반 이상이 일을 하고 집안 경제를 함께 이끈다. 하지만 가사 노동은 여전히 여성들의 몫이어서* 여성들은 일과 가정의 양립이라는, 달성하기 어렵지만 달성해야 하는 미션에 매일 도전해야 한다.

종합 홈 플랫폼 기업을 표방하는 생활연구소의 첫 번째 서비스는 '청소연구소'이다. 파견업체에 직접 전화하거나 주변

* 통계청이 발표한 「2014년 생활시간조사」에 따르면 맞벌이 부부의 경우, 여성의 가사 노동 시간이 158분이었던 것에 비해 남성은 28분에 불과했다.

의 소개를 받아 이용하던 가사 도우미 서비스를 모바일 애플리케이션으로 예약할 수 있도록 했다. 그림자 노동이라고 불리며 존재가 드러나지 않았던 일에 가치를 매겨 상품으로 만들고 사람들에게 팔려면 그 일의 의미와 존재 이유를 설득해낼 수 있어야 한다. 연현주 대표는 가사 노동, 그중에서도 청소에 가치를 매기고 전문성을 부여하는 일을 한다. 청소연구소는 2017년 3월 서비스를 시작한 이후 매월 30퍼센트 이상의 매출 증가율을 기록하고 있다. 청소연구소는 여성들의 삶을 어떻게 바꾸어 나가고 있을까. 판교에 있는 생활연구소 사무실에서 연현주 대표를 만났다.

새로운 영역에 대한 호기심으로 커리어를 개척하다

•

IBM에서 일을 시작해서 다음커뮤니케이션, 엔씨소프트, 카카오를 거쳤다. 계속 IT 기업에서 일해왔는데 특별한 이유가 있나?

특별한 이유는 없다. 첫 직장이 IBM이었고, 일을 하면서 생겨난 욕구가 그 다음으로 옮겨가는 징검다리가 됐다. 2001년에 IBM에 들어갔는데 좀 더 내가 할 수 있는 영역이 많은 새로운 일을 찾고 싶었다. 일하다 보면 '좀 더 재밌었으면', '할 수 있는 게 많았으면' 하는 욕심이 생기지 않나. 그러던 차에 다음커뮤니케이션이라는 회사를 알게 됐다. 조직문화를 비롯해서 당시 굉장히 신선한 IT 벤처 기업이었고, 의욕적으로 일하는 동료들에게 자극받으며 재미있게 일했다. IT 기업의 시스템이나 서비스 설계 과정을 거기서 다 배웠다. 9년 정도 일하고 엔씨소프트로 이직했다.

9년 정도 일했으면 일이 안정적인 시기로 접어들기도 했을 테고 회사에서 인정도 받고 했을 텐데, 왜 이직했나?

새로운 것을 배우고 싶더라. 당시에 한국이 세계적으로 경쟁력을 인정받던 콘텐츠 분야가 게임이었다. 글로벌한 영향력을 가진 콘텐츠를 만들어내는 회사는 어떻게 움직이는지 궁금했던 차에 기회가 닿아 엔씨소프트로 이직했다. 엔씨소프트에서 전략 투자 및 경영 기획 등의 업무를 맡고 있었는데 그 무렵 스마트폰 확산에 따른 모바일 서비스가 속속 등장하기 시작했다. 그중 대표적인 서비스가 카카오톡이었는데, 사용해보니 너무 재미있었다. 메신저 서비스뿐만 아니라 모바일 기반 게임도 출시되고. 그래서 이번에는 모바일 기반 플랫폼에 대해 배워보고 싶다는 생각으로 카카오로 자리를 옮겼다. 그게 2013년의 일이다.

마음이 있어도 이직이 쉽지 않은데, 그걸 하고 싶은 때에 잘 해냈다.

노력한 부분도 있고, 시기가 잘 맞은 부분도 있다. 하고 싶은 것을 해야 한다는 욕구가 강하고, 겁도 없는 편이어서 이직을 해야겠다고 결심하면 바로 실행에 옮긴 것도 영향을 미치지 않았나 싶다.

카카오에서 어떤 일을 했나?

카카오톡을 만드는 부서에 들어가서 새로운 비즈니스 구조를 발굴하는 역할을 했다. 당시 우리 팀이 구상한 카카오톡의 수익 모델은 카카오톡 사용자들에게 이모티콘을 판매하여 수익을 얻는 구조였다. 재기발랄한 이모티콘 작가를 발굴하고 플랫폼을 만들어 창작자는 자신의 창작물로 돈을 벌고, 고객들은 재미있는 콘텐츠를 적절한 가격에 구입해 카카오톡이라는 메신저를 보다 즐겁게 사용할 수 있게 만드는 구조를 만들었다. 그렇게 카카오톡 유료 이모티콘 서비스를 3년간 키우고 나니 또 다른 것이 하고 싶더라. 그러던 찰나에 카카오택시가 나왔다. 사내에서 카카오택시 서비스를 준비 중이라는 이야기를 듣는 순간, '아, 이거다!'라는 생각이 들었다. 우리가 일상에서 불편해하는 것들을 해결하는 데 IT가 더 잘 쓰일 수도 있지 않은가. 이를테면 모바일 애플리케이션으로 식당 앞에서 오래 줄을 서서 기다리는 대신 사전 예약을 한달지, 더운 여름 길거리에서 택시를 잡는 대신 모바일 애플리케이션으로 택시를 호출할 수 있는 것 아닌가. 지금은 이런 편리함이 당연하지만 그때는 모바일 서비스가 막 시작되는 시기였다. 그래서 카카오택시 이야기를 들었을 때 머리를 한 대 맞은 기분이었다.

청소연구소를 구상하게 된 계기가 됐나?

그렇다. 나도 IT 업계에서 15년간 일한 경험을 바탕으로 사람들의 일상을 보다 편리하게 만들어주는 서비스를 만들고 싶었다. 더불어서 온라인의 편의성을 활용하되 오프라인과 떨어질 수 없는 분야에 도전해야겠다고 생각했다. 카카오택시를 이용했는데 너무 편했다. 그런데 서비스 이용자 입장에서 보면, 애플리케이션을 통해 편리하게 택시를 잡고 나면 그 다음에는 택시 기사님의 친절함, 택시의 안전함 등이 더 중요한 문제로 다가오지 않나. 내 일상에서 그런 일을 찾아보니 가사 도우미 서비스가 눈에 들어왔다. 기존의 가사 도우미 서비스는 서비스 제공자를 믿을 수 있는지 확인하는 데 한계가 있고, 한 번 잡은 약속을 변경하기는 번거로운 불편함이 존재했다. 이 과정을 모바일 서비스로 편리하게 개선하면 너무 좋을 것 같아서 서비스 개발을 시작했다.

평소에 쓰던 서비스가 새로운 사업을 만드는 연결 고리가 됐다. 자주 사용하던 서비스였나?

나는 가사 도우미 서비스와 평생을 같이 했다. 어머니가 일을 하셔서 어릴 때부터 우리 집엔 항상 이모님이 계셨다. 결혼 후에 첫아이를 임신하면서부터 줄곧 가사 도우미 서비스를 이용했다. 그때는 주로 오프라인을 통해 이모님들을 직접 구했다.

가사 노동 하는 여성은 왜 슈퍼우먼이어야만 하는가?

•

가사 노동이라고 하면 청소, 빨래부터 아이 돌봄까지도 포함되지 않나. 그중에서도 특별히 청소를 사업 아이템으로 잡은 이유가 있나?

이 부분은 고민이 조금 있었다. 처음에는 아이 돌봄 서비스를 하고 싶기도 했다. 그런데 여성으로서, 또 가사 도우미 서비스를 오래 이용했던 사람으로서 개선해보고 싶은 지점이 눈에 밟혔다. 우리나라의 가사 도우미 서비스는 일의 범위가 정해져 있지 않고 청소, 빨래, 아이 돌봄 등 많은 일이 혼재된 양상이다. 요즘은 조금씩 분리되어가는 추세이지만 예전에는 아이 돌봐주시는 분이 청소도 하고, 또 청소하시면서 아이들 빨래도 하시고, 음식 만드는 일까지 같이 하셨다. 그런데 이렇게 여러 일을 동시다발적으로 하면 어느 일 하나에 제대로 집중하기가 힘들기 때문에 사용자 입장에서는 만족도가 떨어진다. 돈은 돈대로 지불하고 서비스는 제대로 못 받았단 생각이 드는 것이다. 그런데 서비스 제공자 입장에서 생각해보자. 예를 들어 아이를 돌보면서 락스로 화장실 청소를 할 수는 없지 않나. 락스의 유해함 때문에 문을 닫고 청소를 하면 아이는 또 어떻게 되나. 지금까지의 가사 도우미 서비스는 슈퍼우먼을 바라는 서비스가 아니었을까. 우리가 집에서 엄마에게 기대하는 것처럼. 나는 이 생각에서 떨어져 나오는 것이 우리나라 가사 도우미 서비스 영역에서 가장 필요한 일이라고 봤다.

연현주 대표는 카카오에 다니던 시절, 카카오 온·오프라인 연계 홈 클리닝 서비스 팀을 맡아 50명의 직원과 한 팀이 되어 1년 반 동안 '카카오홈클린' 런칭을 준비했다. 그러나 서비스 오픈을 남겨둔 시점에 온·오프라인 연계 사업의 유효성에 대한 사내 논의가 시작되면서 출시가 불투명해졌다. 논의 결과, 홈 클리닝 서비스 출시는 백지화됐다. 개인적으로 절실히 해보고 싶었던 서비스였기 때문에 연현주 대표는 회사에 이 서비스를 개인적으로 직접 해보겠다고 이야기하고 2016년 말 동료들과 퇴사해 3개월 만에 생활연구소를 창업하고 청소연구소 서비스 준비를 시작한다.

청소연구소라는 이름은 어떻게 짓게 됐나?

서비스 명칭에 '도우미', '가사'와 같은 단어들을 넣으면 가사 도우미에 대한 기존의 고정관념이 그대로 이어지기 때문에 사용자들로부터 '아이들은 왜 안 봐주냐', '밥은 왜 안 해주냐' 하는 불만이 생길 수 있다고 생각했다. 그래서 아예 '우리는 청소 서비스를 제공한다. 우리는 청소 부문에 포커싱한 기업이다'라는 느낌을 주기 위해 청소연구소라고 서비스 이름을 지었다.

회사에서 출시를 준비하던 아이템을 가지고 나와 창업했다. 회사를 나오면서 가장 고민이 되었던 것은 무엇이었나?

별다른 고민은 안 했다. 왜냐하면 나 스스로가 워킹맘으로서 이 분야가 소비자의 니즈가 강력한 분야라는 것을 알았고, 이 사업이 잘될 수밖에 없다는 것을 준비하는 과정에서 더욱 실감했다. 물론 넘어야 할 산은 많았다. 현장에서 일할 분들도 잘 모아야 했고, 마케팅도 잘해야 했고, 투자도 받아야 했다. 하지만 카카오에서 이미 많은 고민과 테스트를 해본 터라 큰 고민이나 망설임 같은 것은 없었다. 오히려 필요했던 것은 '계획이 틀어져도 끝까지 한다'는 나만의 확고함이었다. 같이 회사를 나온 동료들이 힘을 많이 줬다. 물론 처음엔 아무것도 없었다. 당장에 사무실이 없어 우리 집 식탁에 앉아서 일했고, 석 달간은 월급을 주기도 빠듯할 만큼 어려웠다. 그래도 어려움을 크게 느끼지 못했던 것은 내 안의 자기 확신이 공고하게 있었던 덕분인 것 같다.

처음에 몇 명이 함께 회사를 나왔나?

나를 포함해 여섯 명이 나왔다. 신뢰하는 사람들과 함께할 수 있어서 감사했다. 회사에서 온·오프라인 연계 홈 클리닝 서비스를 같이 만들며 신뢰를 쌓은 분들 중에 함께 나오지 못한 분들도 계시다. 외벌이이거나 아이들에게 돈이 많이 들어가야 할 시기를 보내는 분들은 회사를 선뜻 나오기 힘든 상황 아닌가. 이런 분들에게는 오히려 지금 당장 퇴사하지 말고 우리 회사가 더 커지면 그때 만나자고 제안했다. 초창기 멤버로 합류한 사람들은 이런 상황을 이해하고 버틸 수 있는 사람들이었다. 어떻게 보면 사업 초창기를 함께한 동료들의 가족에게까지 지원을 받은 셈이다. 참고 기다려주셨으니까. 지금은 투자를 받아서 회사가 안정적으로 운영되고 있다.

계속 큰 기업에서 큰 규모의 자금을 가지고 큰 프로젝트를 진행했다. 하지만 창업을 하고 나서 운용하는 규모가 달라지지 않았나. 이를테면 마케팅적인 부분에서도 접근 방식이 달라졌을 것 같은데 어떤 점이 달랐나?

대기업의 마케팅 방식은 스타트업에서는 따라할 수조차 없다. 집행 가능한 돈의 규모가 다르니까. 돈을 안 들이고 우리를 알릴 수 있는 방법이 무엇일지 진짜 많이 고민했다. 그동안 안 하던 강연도 나섰다. 1천 명이 앉아 있는 자리에 강연을 가서 회사 이야기를 하면 홍보가 되는 것 아닌가. 이밖에도 특정 회사와 제휴를 한다든지 이벤트 후원을 한다든지 해서 최대한 돈을 안 들이고 할 수 있는 마케팅 방법은 다 동원해본 것 같다. 다행인 것은 요즘 기술이 워낙 발전해서 효율적으로 할 수 있는 마케팅이 많다. 브랜드 광고를 하기 위해 신문 광고, 라디오 광고를 하는 시대는 이미 지났다. 적은 자본으로도 마케팅이 가능한 플랫폼도 많고. 하루에 2, 3만 원이면 페이스북 광고도 걸 수 있지 않은가. 자본이 많으면 마케팅을 잘할 기회가 더 많겠지만, 자본이 없다고 해서 아주 불리한 시대는 아닌 것 같다.

하고 싶은 것이 있으면 실행하는 데 있어 겁이 없는 편이라고 자신을 표현한 연현주 대표도 회사를 꾸리며 '계획이 틀어져도 끝까지 한다'는 자신만의 확고한 마음가짐이 필요했다. 이 확고한 마음은 동료들과 함께, 변화하는 환경에 스스로 적응하며 만들어져 나갔다. 우리는 때로 중대한 결정을 하고 그것을 실행해 나가는 사람의 용기를 칭찬하고, 또 스스로에게 그런 용기가 없음을 자책한다. 하지만 결정을 내리고 실행하는 용기는 한 번에 발휘되는 사건이라기보다는 조금씩 그 외연을 넓혀가며 영향력을 깨닫게 되는 과정에 가깝지 않을까. 어쩌면 용기가 없는 것이 아니라 과정이 다를 뿐. 그 과정을 함께 만들 동료, 그리고 그 과정에 적응하는 내가 있으면 나만의 용기를 발휘하며 나만의 판을 만들 수 있는 가능성이 생길지도 모른다.

홈 클리닝과 관련한 다양한 서비스가 최근 점점 더 많이 출시되는 추세이다.

업계에서는 홈 클리닝 서비스 시장을 8조 원 규모로 예측한다. 서비스를 받고 나면 그 자리에서 비용을 지불하는 현금 시장이라서 거래 상황이 집계되지 않은 내역까지 포함하면 실제 규모는 이보다 더 클 수 있다. 최근 홈 클리닝 서비스가 많이 등장하는 추세이지만, 시장 규모에 비하여 아직 업체 수가 적다. 더 많이 나와도 괜찮다고 본다. 이 시장의 문법을 바꾸기 위해서는 더 많은 플레이어가 나와도 된다고 생각한다. 업계의 새로운 기준을 세우고 그것을 매뉴얼화해 정착시키기 위해서 필요한 부분이다. 같이 경쟁할 수 있는 업체들이 늘어나는 것이 기쁘다. 다만 각각 뚜렷한 차별성을 가지고 있어야 경쟁이 의미 있다고 본다.

가사 노동의 전문성과 가치를 정립하기 위한 노력들

•

다른 홈 클리닝 서비스 업체와 청소연구소의 차별점 중 하나가 일하시는 분들을 '가사 도우미'라고 부르지 않고 '매니저'라고 부른다는 점인 것 같다. 이렇게 호명하는 이유는 무엇인가?

일하시는 분들이 스스로 잘할 수 있다고 생각할 수 있도록 자신감을 심어드리고 싶었다. 보통 현장에서는 '이모님', '여사님' 이런 표현을 많이 쓰는데 나이 든 사람으로 여기는 느낌도 나고, 전문성도 드러나지 않는다. 일하시는 분 중에는 30대도 많다. 젊은 분들도 청소연구소에서 일했으면 좋겠는데, 호칭이 그러면 이 일을 안 하고 싶지 않을까. 처음엔 '과장', '프로', '마스터', '클리너' 같은 이름들도 후보로 나왔는데, 매니저가 부르기에도 쉽고, 프로페셔널로 인정하는 뉘앙스도 주어서 그렇게 직함을 붙였다.

이모님이나 여사님이라고 부르는 것이 익숙한 고객들이 금방 매니저라고 호칭을 바꿨나?

그렇지 않다. 고객들에게 매니저라고 꼭 부르셔야 한다고 강요할 수는 없지 않나. 대신 청소연구소 애플리케이션의 모든 요소를 비롯해 고객과의 커뮤니케이션에서 우리의 일을 하시는 분들을 매니저로 반복해서 호명한다. 예를 들면 "저희 27일날 아줌마 좀 보내주세요" 하고 문의가 오면, "고객님, 저희 매니저 님들은 스케줄이 다 정해져 있기 때문에 예약을 해주셔야 합니다"라고 답변하는 식이다. "27일에 아줌마 안 돼요?"라고 또 물으면 "네, 매니저 님이 스케줄이 되셔야 합니다"라고 계속 말하는 것이다. 그러면 어느 순간, 고객도 "매니저 님이 스케줄이 되셔야 하는군요" 하고 학습이 된다. 매니저를 매니저로 부르며 대우하는 것이 고객들에게도 훨씬 좋다. 아줌마가 아니고 매니저라고 불러드렸을 때, 이분들의 어깨가 딱 펴지면서 '자, 내가 열심히 해줄게' 하는 마음이 생긴다. 결과적으로 서비스 질은 올라간다. 서로 존중하면 고객과 매니저 모두 만족하는 서비스를 주고받을 수 있다는 믿음을 갖고 있다.

청소연구소라는 이름에도, 매니저라는 직함에도 철학이 잘 담겨 있다. 좋은 서비스를 제공하기 위한 규칙을 이런 부분들을 통해 만들고 있다는 생각도 든다.

서비스를 확장하고 전문성을 기르기 위해 서로 지켜야 하는 상식을 만들어가는 것이 청소연구소의 임무이자 나의 임무라고 생각한다. 우리가 다른 업체와 차별화되는 지점 중 하나가 애플리케이션에서 거의 모든 것이 해결 가능하다는 점이다. 우리는 고객과 매니저를 연결하는 역할을 하지 않나. 중간에서 역할을 제대로 하면 불필요한 커뮤니케이션이 줄어들고 깔끔한 서비스를 주고받을 수 있다. 이때 필요한 규칙을 잘 정리하는 것이 우리가 할 일이다.

홈 클리닝 서비스를 사람들이 어려운 서비스라고 하는 이유가 있는데, 개인마다 청결도에 대한 기준과 선호하는 청소 방식의 차이가 굉장히 크기 때문이다. 평생 무릎 꿇고 앉아서 방바닥을 닦아온 사람은 매니저도 바닥 청소를 할 때 역시 무릎 꿇고 앉아서 닦아야 한다고 생각한다. 본인이 평생 그렇게 해왔기 때문에 그 방식이 자신의 규칙인 것이다. 그런데 모든 매니저들은 매번 다른 집을 방문한다. 그래서 고객이 요구했을 때 정해진 규칙이 없으면 방문한 집에서 요구한 대로 할 수밖에 없다.

때문에 청소연구소에서는 '우리는 빨래 삶기를 하지 않는다', '바닥을 무릎 꿇고 닦지 않는다' 등의 규정을 만들고 고객들에게 알린다. 그렇게 기준이 세워져야 고객들에게도 '그런 서비스를 원하신다면 다른 곳을 알아보셔야 한다'고 안내할 수 있다. 처음엔 이 부분을 조율하는 데에 에너지가 상당히 들어갔지만 매니저와 고객이 서로 이 규정을 받아들이는 순간, 서로 행복해진다.

그런 디테일한 규칙을 어떻게 만드나? 그 규칙이라는 것이 고객 경험을 동일하게 맞추는 역할을 하는 것인데 사람들의 선호는 모두 다르기 때문에 힘들지 않은가?

우리가 직접 실험을 해보기도 하고 고객들에게 설문조사도 한다. 집을 평형별로 나눠서 청소할 때 평균적으로 얼마의 시간이 걸리는지, 어떤 청소도구를 쓸 때 효과적인지 실험하는 것이다. 효율적인 청소법이 발견되면 그걸 현장에 적용해보고 고객들의 불만족이 없는지도 모니터링한다. 초기에 매니저 교육 자료를 만들 때 이와 같은 식으로 규칙을 공들여 만들었다. 예를 들면, 매니저 교육 자료 중에 먼지를 물티슈로 닦지 말라는 가이드가 있다. 물티슈는 먼지를 이동만 시킬 뿐 물기가 있는 상태에서 후처리를 안 하면 오히려 얼룩이 더 많이 생긴다. 그래서 아주 더러운 바닥이나 물건은 물티슈로 초벌닦이만 하고, 잔먼지는 마른 걸레로 닦아내시라는 가이드를 세웠다. 이런 아주 사소한 내용들이 교육 내용에 들어 있다. 청소깨나 해봤다는 매니저 분들도 교육을 들으러 오셔서 깜짝 놀라신다. 화장실 청소를 더 깨끗하게 하는 노하우라고 생각하시고 락스에 주방세제를 섞어서 쓰는 분들이 계신다. 그런데 사실 그 방법은 기포가 엄청 생기고 나쁜 가스가 방출되어 사람에게 해롭다. 이런 잘못된 정보들을 매니저 교육을 통해 정정해드린다. 이렇게 배운 내용을 매니저 분들이 일하러 가셔서 고객들에게 다시 알려주신다. 고객들은 평소에 쓸 수 있는 청소 팁을 청소 매니저에게 배우는 것이다. 이런 과정을 통해 고객 만족도가 올라간다.

매니저 분들도 그동안 위험한 방법으로 청소했다는 것을 교육을 통해 알게 된다는 지점이 인상적이다. 평생 해오던 일을 새롭게 알게 되는 재미도 있으실 것 같은데, 가까이에서 보기에 어떤가?

처음엔 "내가 청소 일만 10년 했는데 무엇 하러 날 가르치느냐"는 분들도 많았다. 그래도 오셔서 꼭 배우셔야 한다고, 배움에 끝이 어디 있냐고 말씀드리며 엄청 설득했다. 놀라운 것은 교육을 다 듣고 나시면 그렇게 칭찬 피드백을 하신다. "내가 진짜 직장 들어간 느낌이다", "나도 이제 믿고 일할 데가 있어서 좋다"는 말씀도 많이 하신다. 나는 누구나 배우고자 하는 지적 욕구가 있다고 생각한다. 갓난아기 때부터 어른이 되어서까지도. 다만 누군가는 먹고사는 데 바쁘다보니까, 또 누군가는 자연스러운 아집이 생겨서 배움을 내려놓는다. 그러나 성인들도 배움에 대한 열망이 강하고 새로운 것을 깨치고 났을 때 희열을 느낀다. 나는 경력단절 여성들이 사회에 다시 나오기 위해서는 이런 부분이 필요하지 않을까 생각한다. 전문가로서 내 분야에 대해 꾸준히 공부하는 것은 지적 욕구를 충족시켜줄 뿐만 아니라 자신감도 회복하게 만든다. 사실 자신감이란 것이 누가 가지라고 말한다고 해서 저절로 생기는 게 아니지 않나. 우리도 처음에는 매니저 교육 과정에 자존감 회복과 관련된 1시간짜리 수업을 넣었다. '우리는 도우미가 아니고 전문가다'라고 인식하시도록. 하지만 아무런 효용이 없었다. 오히려 업무에 대한 상세한 내용을 알려주는 편이 훨씬 좋더라. 그래야 진짜 자신감이 생긴다.

연현주 대표는 시장의 문법을 바꾸기 위해서는 규칙과 상식이 중요하다는 것을 거듭 강조했다. 청소와 빨래, 돌봄이 혼재되어 있던 가사 도우미 시장의 문법을 다시 세우기 위해 청소라는 분야에 특화된 서비스를 만들고, 이 서비스가 제대로 돌아가기 위한 규칙과 질서들을 촘촘히 세워 나갔다.

그 규칙 중 하나는 '매니저들은 청소 전문가'라는 것이다. 매니저들은 전문가로서 교육받고, 전문가의 서비스를 제공한다. 이 약속이 고객과 매니저 모두에게 미치는 영향력을 연현주 대표는 현장에서 확인하고 있다. 청소연구소가 만들어내는 규칙과 질서는 보이지 않았던 가사 노동을 보이게 만들 뿐만 아니라 새로운 가치를 부여한다.

지금껏 가사 노동은 여성들의 일로만 여겨졌고, 또 가치를 매길 수 있는 노동으로 잘 드러나지 않았던 것이 사실이다. 그림자 노동이라는 말도 있지 않나. 가사 노동을 가치를 가진 노동의 측면에서 어떻게 설명할 수 있을까?

내가 어렸을 때, 세차는 당연히 집에서 아빠들이 하는 일이었다. 주차를 해놓고 양동이에 물을 받아서 세차하던 시절이 있었지 않나. 그런데 지금은 그렇게 집에서 자가 세차하는 사람이 거의 없다. 세차를 맡길 수도 있고, 자동 세차장도 있으니까. 세차하는 일을 노동으로 보기 때문에 값을 지불하고 노동을 사는 것이다. 마찬가지로 집안일이라고 부르는 가사 노동 역시 엄연히 값을 매길 수 있는 노동이다. 빨래하고 청소기를 돌리고 정리하는 일들 역시 누군가의 시간과 에너지와 노하우가 들어가야만 하는 일이기 때문이다.

명확히 노동이다. 응당 돈과 바꿀 수 있는 교환가치가 분명히 있다. 시간이 되면 본인이 해도 되고, 그렇지 않고 그 시간에 경제활동을 하거나 나를 위한 활동을 하는 것이 더 효과적이라고 보면 다른 이에게 비용을 주고 맡기면 되는 일이다. 마치 '누가 돈을 주고 세차를 해'라고 하던 시절에서 지금은 '누가 집에서 세차를 해'라고 생각하게 된 것처럼, 가사 노동 역시 아웃소싱이 보편적으로 여겨지는 날이 있을 것이라고 전망한다. 그래서 업무의 체계와 규칙을 잘 만드는 것이 중요하다. 눈에 보이지 않던 노동을 형태와 과정이 분명한 노동으로 만드는 작업이다.

고객들에게
시간을 선물하는 플랫폼

•

사회적 인식 변화가 필요한데, 변화되고 있다고 보나?

젊은 세대들 사이에서는 인식의 변화가 있다고 본다. 청소연구소 이용자들의 연령대도 30, 40대가 많다. 우리가 애플리케이션에서 매니저 님들이 청소하러 갈 집의 평수 정보를 사전에 받지 않나. 그간에 축적된 데이터를 살펴보면 27

평 정도가 평균이다. 부잣집에서 사람을 부려서 쓰는 그런 서비스가 아니라, 누구나 사용할 수 있는 서비스로 바뀌어 가고 있다는 증거 아닐까. 전업주부라 하더라도 가사 노동을 아웃소싱해서 그 시간에 아이랑 더 많은 시간을 보내고, 또 쉬기도 하는 것이 필요하다는 인식도 생기는 것 같다. 앞서 말한 것처럼 가사 노동의 범주 안에 돌봄과 청소, 빨래 등을 모두 포괄해 언급하는 경우가 많은데, 이 모든 일을 한 사람이 다 수행한다는 것이 어려울 만큼 엄청난 양의 노동이다. 가사 노동이라고 뭉뚱그려져 불리는 일들을 각각 분리된 일로 보고, 도움받을 수 있는 부분은 도움을 받는 것이다.

젊은 사람들도 청소연구소 서비스를 많이 쓴다고 했는데, 1인 가구도 홈 클리닝 서비스를 이용하고 있나?

예측했던 것보다 1인 가구 비율이 높다. 우리가 몇 인 가족인지까지는 따로 조사를 하지 않기 때문에 정확히 얘기할 수 없지만, 평수를 보고 해석해보는 것이다. 8평, 10평의 원룸에 사는 사람들도 청소연구소 서비스를 많이 신청한다. 그 결과를 보면서 우리가 제공하고 있는 서비스가 1인 가구에게 절실한 서비스일 수도 있겠다는 생각도 했다. 1인 가구의 특징 중 하나가 자기의 삶을 홀로 오롯이 책임져야 하기 때문에 100퍼센트 경제활동을 한다. 경제활동을 한다는 이야기는 일하는 시간만큼 집안일에 할애할 시간이 줄어든다는 말이다. 1인 가구 이용자 수는 앞으로 더 많아질 것으로 전망한다.

1인 가구로 추정되는 8평이나 10평 정도의 집에서 특별히 요구하는 서비스가 있나?

특별히 요구하는 서비스는 없다. 다만 평수가 작다 보니 물건 정돈이 안 되어 있는 경우가 많다. 수납 공간이 적으면 살림살이를 안 보이는 공간에 넣어두는 것이 어렵다. 청소연구소 서비스에는 수납 정리가 기본 제공 서비스에 포함되지 않아서, 이런 경우에는 매니저 님들이 옷장에 옷을 넣어주고 설거지를 해주는 정도의 최소한의 수준으로 정리한다. 이것 말고 작은 평수에 사는 1인 가구의 특징이 있는데, 청소도구가 없다. 청소를 아예 안 하시는 분들도 있는 것 같다. 청소를 하려면 몇 가지 도구들이 필요한데 이걸 구비하지 않고 지내는 것이다. 세제도 없고, 청소기도 없고, 밀대걸레도 없다. 그래서 매니저 님들께 작은 평수로 일을 가실 때는 청소도구를 꼭 가져가시라고 말씀드린다. 하지만 이것도 한계가 있다. 보통 매니저 님들이 대중교통을 이용해 이동하시는데 청소기를 들고 다닐 수는 없지 않은가. 간단한 청소도구와 세제만 구비되면 되는 터라, 이걸 1인 가구 고객들이 어떻게 준비할 수 있게 할지 고민 중이다.

얼마 전 서울시한부모가족지원센터와 협약을 맺어서 지원 서비스를 하기 시작했다는 기사를 봤다. 인터뷰에서 한부모가정의 부모들이 '시간 빈곤' 문제를 겪고 있다고 지적한 부분이 인상적이었다. 그 일은 어떻게 시작하게 됐나? 평소 만나는 고객들을 통해 아이디어를 얻은 것인가?

한부모가족지원센터에서 먼저 연락이 왔다. 사회에 도움이 되는 일을 하고 싶다고 계속 생각하던 차였는데, 마침 좋은 기회로 연결이 되어 시작했다. 회사의 규모가 커진 후에 사회공헌 활동을 시작하는 것보다 지금부터 몸에 배어서 계속 해나가는 것이 좋겠다는 생각을 했다. 한부모가정의 부모들은 아이들과 보낼 시간이 없는 것을 가장 안타까워한다. 당장 애들 밥도 차려야 하고, 설거지도 해야 하고 빨래도 해야 하지 않나. 혼자서 엄마 아빠의 역할을 다 해내야 하고. 나도 애들이 셋인데 남편과 함께 집안일을 하고 매니저 님들이 가끔 와서 일을 도와주셔도 회사 운영과 집안일을 병행하려면 당연히 시간이 없다. 나도 이런데 혼자서 두 사람 몫의 일을 해내시는 분들은 정말 시간이 부족하겠다는 생각이 든 것이다. 아이들을 키우면서 중요한 것 중 하나가 아이들하고 눈 맞추고 부대끼며 정서적인 교감의 시간을 갖는 것인데, 아이와 내가 친밀함을 쌓아가는 시간은 아웃소싱 할 수 없다. 그러니까 그 시간을 지키고 대신에 다른 사람이 해줄 수 있는 일은 다른 사람에게 맡겨야 한다. 회사 일이라든지, 가족과의 시간이라든지, 쉬는 일처럼 내가 직접 하지 않으면 안 되는 일들이 있지 않은가. 고객들이 이런 소중한 것들을 지키며 살 수 있도록 우리 서비스를 제공하고 발전시켜 나가고 싶다.

겉에서 보기엔 다 똑같은 아파트이고 원룸이지만, 연현주 대표에게 청소연구소 서비스를 요청한 각각의 집들은 더 구체적으로 고객의 필요를 상상할 수 있게 만드는 재료가 된다. 그중에서도 연현주 대표는 1인분의 삶을 스스로 일궈 나가기 위해 많은 시간을 일하는 1인 가구, 혼자 부모의 역할을 다 해내야 하는 한부모가정의 시간 빈곤 문제에 주목한다. 이들이 이용하는 것은 단순히 집을 깨끗하게 해주는 청소 서비스가 아니다. 누군가는 아이들과의 놀이 시간을 얻기 위해, 누군가는 깨끗한 집으로 귀가해 양질의 쉼을 얻기 위해 청소연구소의 서비스를 이용한다.

앞으로는 달라질 수 있겠지만, 현재 청소연구소의 매니저는 여성이 대부분이다. 이들에게 좋은 일자리란 어떤 것일까?

한마디로 정의하기란 어려운데, 내가 만들고 싶은 일자리를 생각해보면 좀 더 빨리 설명될 것 같다. 나는 우리 매니저 님들께 지속가능한 일자리를 제공하고 싶다. 여기서 지속가능성이란 내가 오늘 어느 정도 수준의 에너지를 들여 일했다면, 내일 똑같은 일을 할 수 있을 정도의 환경이 보장되는 일자리이다. 월급이나 복지가 아무리 좋은 일자리라도 몸이나 정신을 계속 혹사시키면서 해야 하는 일이면 오래하지 못한다. 몸이 버티질 못하니까. 특히 청소연구소의 일은 몸을 써서 하는 일이기 때문에 매니저 님들이 자신의 몸을 챙기면서 일을 계속할 수 있게끔 균형을 잡아드리는 것이 중요하다. 매니저 님들에게 손빨래를 비틀어 짜지 못하게 하는 이유도 이 때문이다. 한 집만 두고 보면 손빨래 두세 개이지만, 매니저 님이 하루에 소화하는 양을 모으면 다섯 개가 넘는다. 여러 집을 방문하기 때문이다. 그러면 다음 날 손목이 아파서 일을 할 수 없다. 이걸 중간에서 조절하는 것이 일자리를 제공하는 사람으로서의 의무라고 본다. 몸이 상하지 않게 일할 수 있는 법을 같이 고민해주는 것. 일을 할까 말까 고민하는 분들이 일을 하게 만들고, 시작하면 중단하지 않고 하실 수 있도록 돕는 것. 이 두 가지 역할을 다 하고 싶다.

가정과 연결되어 있는 여성의 입장에서 '중단하지 않고 일한다'의 의미가 좀 다르게 해석될 수 있을 것 같다. 여성의 생애주기도 있지만 가정의 생애주기도 있지 않나. 그것 때문에 경력단절이 되는 경우가 많고.

중단하지 않고 일한다는 것은 내가 중단하고 싶을 때 중단해도 다시 돌아올 수 있다는 의미로 해석할 수 있다. 매니저 님들도 저마다의 이유로, 예를 들어서 자녀가 고3 수험생이라거나, 몸이 안 좋아서 쉬어야 된다거나 하는 상황이 생긴다. 그럴 때 쉬었다가 언제든 다시 오시라고 말하는 회사가 되기 위해 여러 준비를 한다. 더불어서 일하는 분들이 자신의 상황에 맞게 일할 수 있는 환경을 제공하려고 한다. 경조사비를 드린다든지 파손보험에 가입해서 안심하며 일하시도록 한다든지 이분들을 보호해드릴 안전망을 만들기 위한 노력들도 한다.

그런 의도로 매니저들에게 업무지원비를 지급하기 시작한 것인가?

처음엔 매니저 님들에게 업무지원비를 드릴 생각을 못했는데, 매니저 님들이 일하시면서 업무에 대한 만족도가 높고, 일에 재미를 느끼며 즐겁게 하시는 것이 보였다. 그래서 응원하는 마음으로 인센티브 차원에서 업무지원비를 드리게 됐다. 업무지원비를 드리는 또 하나의 이유는 끼니를 챙기시라는 의미이다. 열심히 하시는 분들은 일을 많이 하시는데 그러다 보면 끼니를 거르시기도 한다. 청소가 체력으로 하는 일인데 끼니를 거르면서 하다 보면 몸이 남아나질 않는다. 그래서 무조건 청소와 청소 사이에 한 시간의 공백을 두도록 규칙을 정했다. 그 시간에 뭐라도 드시라고. 그런데 공백만 만들어놓는다고 해서 될 일이 아니지 않는가. 그래서 업무지원비 10만 원을 드리면서 점심 꼭 챙겨드시라는 이야기를 한다.

매니저들을 살뜰히 챙기고 그들이 제대로 일할 수 있는 터전을 만들고 있는 연현주 대표는 기업가이기도 하지만 세 아이의 엄마이기도 하다. 스스로 시간 빈곤을 겪고 있다며 웃었지만, 이 문제는 연현주 대표만의 문제가 아니라 일하는 여성들 모두가 겪는 문제이다. 회사와 가정을 어떻게 넘나들며 일하고 있는지 물었다.

자책하지 말자
우리는 충분히 잘하고 있다

•

세 아이의 엄마로 살고 있다. 일하는 나와 세 아이의 엄마로서의 나를 어떻게 통합하면서 살고 있나?

진짜 힘들다. 방학이 되면 세 아이 스케줄 관리가 더 힘들고 어렵다. 사업을 대충할 수도 없고, 아이에게 소홀할 수도 없는 일 아닌가. 시간을 많이 쪼개서 일하는 것이 습관이 됐다. 나와 아이들의 스케줄을 시간 단위, 분 단위로 계획을 세워서 유연하게 돌아가도록 한다. 아이를 키우는 과정에서 필요한 도움을 주변에 잘 요청하고, 기꺼이 받으려고도 한다. 미안해하기 시작하면 한도 끝도 없다. 얼마 전에도 한 번 스케줄이 꼬여서 막내아이가 집에 혼자 있게 됐다. 남편도 부모님도 나도 아이에게 갈 수 없는 상황이어서 고민하다가 아랫집에 사시는 분께 아이 좀 봐달라고 요청드렸다. 감사 인사도 드리고, 과일도 사다 드리고 하면서.

늘 일은 많고 문제가 생기지만 그걸 해결할 수 있는 길은 분명 있다. 문제 상황을 해결해나가는 와중에 아이들도 성장하더라. 자책하지 않는 것이 중요하다. 우리는 충분히 잘하고 있고 어떻게든 해나가고 있으니까. 자책하면 앞으로 나아갈 수가 없다. 애들은 쑥쑥 큰다. 자기들끼리 큰다. 그러니까 너무 미안해하면서 일하지 말라고 후배들에게 말해주고 싶다.

세 아이를 비롯해서 가족들이 서로가 곁에 없어도 있는 것처럼 각자의 스케줄을 진행한다는 것이 청소연구소 애플리케이션이 하는 역할과 비슷하다는 생각이 들었다.

애들하고 원격으로 떨어져 있을 때에도 뭐 하고 있는지 모니터링하던 워킹맘으로서의 노하우가 알게 모르게 들어가 있을 것이다. 타사와 견주어서 우리 서비스의 강점 중 하나가 무척 효율적으로 관리된다는 것이다. 영업비밀이어서 자세히 말은 못 하지만 같은 규모의 타사와 비교했을 때, 우리는 운영 인력이 10분의 1이다. 그럼에도 불구하고 서비스 제공자와 사용자 간의 매칭 및 소통이 굉장히 효율적으로 이루어진다. 매니저 님들에게 오늘은 어디에 가서 일하셔야 한다고 직접 말하지 않아도 시스템을 통해 알람이 가고, 매니저 님들이 요청받은 일을 잘 마무리하셨는지 모니터링할 수 있는 시스템을 구축했다. 매니저 님이 고객의 집을 찾아가는 동안 길을 헤매진 않았는지, 제시간에 도착했는지 등을 모니터링하는 시스템이 있다. 만일 매니저 님의 부득이한 사정으로 고객과의 약속이 펑크가 났을 때, 반대로 고객의 사정으로 서비스 이용 요청이 취소됐을 때, 이를 원만하고 빠르게 해결할 수 있는 방법이 구축되어 있다. 뛰어난 개발자들이 좋은 시스템을 만들기도 했고, 아이를 키우면서 겪은 내 경험과 아이들의 심리적 변화들을 관찰한 것이 도움이 된 부분도 있다.

청소연구소 서비스를 제공하는 생활연구소는 종합 홈 서비스 플랫폼이다. 집안일 중에 가사일 말고도 주목하는 영역이 있는지 궁금하다.

세 개의 영역 정도를 보고 있다. 시간제 아이 돌봄과 펫시터, 시니어 케어다. 펫시터 이야기를 해보자면, 청소연구소 서비스 요청을 할 때, 반려동물 유무를 체크해야 한다. 그 결과를 모아 보니 아이가 있는 집의 비율보다 고양이나 강아지가 있는 집의 비율이 더 높더라. 요즘 워낙 1인 가구들이 많으니까. 아까도 말했다시피 1인 가구들은 경제활동을 하고 있고, 집을 비우는 시간이 많기 때문에 펫시터 역시 꼭 필요한 서비스가 아닐까 생각했다.

청소연구소 서비스를 통해 축적된 정보들로 1인 가구가 늘어나고 있다는 사회적 흐름을 가까이서 모니터링한다. 자연스럽게 라이프 스타일 분석도 되고.

그렇다. 그래서 또 하나 필요하다고 느낀 것이 시니어 케어이다. 1인 가구 중에는 젊은 사람들도 많지만 배우자와 사별하셔서 혼자 사시는 분들도 많다. 노부부가 함께 사시는 경우에도, 제때 식사를 챙겨드리고 다루기 어려운 전자기기의 사용 방법을 가르쳐드리는 등의 서비스가 필요하다.

간병 서비스와는 다른 것인가?

다른 범주의 서비스이다. 이런 경우 있지 않은가. 부모님과 떨어져 사는데 가끔 연락을 주셔서 "너 바쁜지 아는데 갑자기 TV가 안 켜진다, 인터넷에 안 들어가진다" 이런 말씀을 하실 때. 내가 바로 갈 수도 없고 어떻게 해드릴 수 없는 상황이 있다. 이럴 때 정기적으로 방문하는 사람이 있으면 급하지 않은 일은 적어두었다가 부탁할 수도 있고, 말벗으로 삼을 수도 있다. 일본에서는 이미 시장에 안착한 서비스인데 우리나라엔 아직 없다. 우리가 쌓은 노하우를 가지고 이런 분야까지 확장할 수 있지 않을까 생각한다.

생활연구소는 종합 홈 서비스 플랫폼 기업이라고 하지 않았나. 여기서 플랫폼은 어떤 플랫폼을 말하는 것일까?

시작한 지 얼마 되지 않았지만 꿈꾸는 지향점이 있다. 우선 플랫폼을 어떻게 정의내리고 싶은가 하면, 수요자와 공급자의 규칙을 만드는 곳이라고 말하고 싶다. 수요자와 공급자가 알아서 만나라고 하면 겪을 수 있는 어려움을 규칙과 질서 속에서 만나도록 해서 해소하는 일을 플랫폼이 한다고 생각한다.

우리 서비스에 한정해서 말해본다면, 가정에서 생활이 유지되도록 하기 위해 필요한 것이 정말 많다. 이때 그 필요를 채우기 위해서 개인이 개인을 직접 고용한다는 것이 사실 힘들다. 그런 부분에 주목해서 나는 우리 집에 들여 일을 안심하고 맡길 수 있는 안전한 사람을 연결시켜주고 만족스러운 서비스를 제공하는 플랫폼을 구축하고 싶었던 것이다. 단순히 사람을 대리 고용해서 보내주는 것이 아니라 둘 간의 거래를 좀 더 쉽게 하도록 도와주는 것이다. 일상을 더 편하게 만들어주고, 나만이 할 수 있는 일들에 더 집중할 수 있는 시간을 가질 수 있도록 해주는 플랫폼을 지향한다.

2018년 10월 통계청은 가사 노동의 경제적 가치를 처음으로 수치화하여 발표했다. 시급 1만 569원이었다. 가시화 되지 않았던 가사일 역시 값을 매길 수 있는 노동이라는 것을 국가가 인정했다는 것에 의미가 있는 통계이다.

하지만 면면을 살펴보면 가사 노동에서조차 남성보다 여성의 시급이 더 적은 것으로 드러났다. 가시화된 가사 노동이 제대로 가치 평가될 수 있도록, 그리고 여성의 노동 역시 남성의 노동과 동등한 평가를 받을 수 있도록 다방면의 노력이 필요하다.

이러한 맥락에서 가사 노동, 그리고 사람들의 생활이 꾸려져 가는 데 필요한 다양한 노동에 가치를 매겨가고, 이 노동들의 전문성을 규칙으로 정리해 나가고 있는 연현주 대표의 일은 큰 의미를 가진다.

생활연구소가 청소라는 집안일의 한 영역에서 사회의 변화와 라이프 스타일의 변화를 포착했듯, 앞으로 준비하고 있는 서비스들 역시 드러나지 않았던 노동에 전문성과 가치를 매기는 일이 될 것이라 기대한다. 이를 통해 사람들은 나만이 할 수 있는 일들에 더 집중할 수 있는 시간과 조금 더 편한 일상을 선물받게 될 것이다.

○

페미니즘의 봄을 알리며

행동하고 기록하는 여성들의 공동체

06

○

이민경

봄알람 공동대표

이민경

○

출판사 봄알람 공동대표

2016년 벌어진 강남역 살인사건 이후 남모를 공포와 일상적 차별에 시달리던 여성들이 연대하여 목소리를 내기 시작했다. 그러나 페미니즘을 이야기하는 여성들에게 "아니, 좋게 말하는데 왜 이렇게 예민해?"라고 말하는 사람들은 여전히 존재했다. 사건 그 자체와 이후에 벌어진 여성혐오 논쟁은 평범하게 통번역가를 준비하던 대학원생의 삶에 커다란 충격과 균열을 안겼다. 여성의 입을 막는 혐오와 무지의 막말들로부터 여성의 마음을 지켜주고 입을 트이게 해줄 방법에 대해 이야기하고 싶었다. 9일 만에 원고를 탈고했고, 한 번도 만난 적이 없었지만 뜻을 같이 하는 사람들이 모여 순식간에 프로젝트 팀이 결성됐다. '봄알람'의 시작이다. 출판이라는 형식을 통해 지금 이 시대 여성들이 겪는 문제를 드러내고 그 문제를 주체적으로 해결하며 '우리의 승리'를 만드는 여정을 함께하고 있다.

○

2016년 5월 17일 새벽, 강남역의 한 노래방 화장실에서 한 여성이 남성에 의해 살해된 사건이 있었다. 경찰은 정신질환을 앓고 있는 남성이 우발적으로 여성을 살해한 사건이라고 봤지만, 이 사건에 대한 여성들의 이해는 달랐다. 여성들은 살해된 그 사람이 나였을 수도 있다는 위기감을 가지고 강남역 10번 출구에 모였다. 2016년 5월 19일 〈한국일보〉는 이 사건을 페미사이드(Femicide, '여성[Female]'과 '살해[Homicide]'의 합성어), 즉 '여자라는 이유로 남자가 여자를 살해한 사건'이라고 보도했다. 우연한 결과로 여겨진 사건이 여성혐오 범죄로 호명될 수 있었던 이유는 행동하여 의지를 표현한 여성들 때문이었다. 여성들은 이 사건을 자신들의 방식으로 이야기하고, 추모하고, 기록하기 시작했다.

와중에 선언처럼 등장한 책이 있었다. 《우리에겐 언어가 필요하다》. 이 책의 부제는 '입이 트이는 페미니즘'이다. 이 책을 쓰고 만든 사람들은 작가도, 출판 전문가도 아니었다. 트위터를 통해 처음 만난 여성들이 의기투합해 만든 책이라고 했다. 9일 만에 탈고하고 크라우드 펀딩 플랫폼 텀블벅에서 판매를 시작한 이 책은 목표 금액의 20배가 넘는 후원금을 모았다. 내용과 출판 과정뿐만 아니라 텀블벅을 통한 판매 과정으로도 숱한 화제를 남긴 이 책을 만든 사람들은, 이후 '봄알람'이라는 출판사를 만들어 페미니즘 이슈를 담은 책을 계속 발행하고 있다.

책을 지속적으로 출간하지만, 봄알람을 그저 출판사로만 한정해서 바라보기엔 봄알람에서 추진하는 활동들의 내력은 이채롭다. 오히려 책을 매개로 여성들의 목소리를 적극적으로 세상에 알려 사회적으로 의미 있는 변화를 만들어내고자 하는 활동가 그룹에 더 가깝다는 인상을 준다. 그렇다고 시민운동을 하는 단체라고 하기엔 그 규모와 움직임이 작고 민첩하다. 둘 다를 하면서도 어느 하나에도 속하지는 않는, 누군가가 보기엔 일터인가 싶은 일터. 하지만 여느 회사나 조직처럼 봄알람은 같은 목표를 가진 사람들이 함께 모여 일을 하고, 그 일의 결과로 그 다음을 계속 해나갈 수 있는 수익과 기반을 함께 만들어낸다. 봄알람은 이런 자신들의 일터를 어떻게 정의하고, 꾸려가고 있는지 궁금했다. 봄알람의 공동운영자이자 작가인 이민경 공동대표를 신촌의 한 카페에서 만났다.

강남역 살인사건이 대한민국 여성들에게 남긴 것

•

《우리에겐 언어가 필요하다》의 서문에서 삶의 방향을 바꾸게 한 사건으로 강남역 살인사건을 꼽았다. 그전에는 페미니즘과 관련된 활동을 하지 않았나?

완전히 몰랐다고 봐도 된다. 당시에 나는 통번역가가 되려고 통번역대학원에 진학해 공부하고 있었다. 여성학을 공부하고 싶긴 했지만 여성으로서 겪는 나의 불편한 문제를 해결해야겠다는 생각이 있었던 것은 아니고, 여성학이라는 학문이 세상을 넓고 다양한 관점으로 볼 수 있도록 해주는 것이 마음에 들었다. 여성학을 전공해서 다른 여성들을 돕고 싶다는 생각을 했다.

다른 여성들을 돕고 싶다는 그때의 생각과 지금의 생각은 다른가? 지금도 다른 여성들을 돕고 있지 않나?

다르다. 당시에 했던 생각은 어느 정도 인도주의적인 부분이 있었다. 어떤 면에선 그들을 내가 도와주어야 하는 대상으로 타자화한 것이다. 내가 중·고생이던 시절, '지도 밖으로 행군하라'와 같은 메시지를 담은 책들이 많이 출간됐다.

한비야 세대라고 해야 하나. 해외여행 가는 것에 아무런 장벽을 느끼지 못하고, 많은 여성들이 외교관이 되는 것을 자신의 꿈으로 당당히 말하기도 하고. 개발협력, 대외원조 분야에 매력을 느끼고, 그것을 일로 삼고자 하는 사람들이 길러진 세대이다. 세대적 분위기를 타고 나도 그런 것에 관심이 많았다. 자연스레 소수자 여성, 싱글맘, 제3세계 여성들이나 여성 교육, 조혼, 할례와 같은 문제들에 관심을 기울이게 됐고 인권의 사각지대에 있는 여성들과 연대할 수 있는 일을 하고 싶다는 생각이 있었다. 내가 그 사각지대에 살고 있다는 것은 아예 모르고. 당시의 나는 폭력이나 차별이 동시대 다른 여성들의 문제이며, 문제의 화살표가 나를 향하고 있다는 것을 전혀 생각하지 못했다.

많은 여성들이 강남역 살인사건을 계기로 그 화살표를 확인하게 된 것 같다. 그것이 단지 확인으로만 끝나는 게 아니어서, 각자 삶의 변화가 생겼다는 생각도 들고. 《우리에겐 언어가 필요하다》를 쓰기로 결심한 것이 그 변화의 시작이었나?

처음부터 《우리에겐 언어가 필요하다》를 쓰려고 한 것은 아니다. 5월 17일에 강남역 살인사건이 터졌고, 무엇인가 해야겠다고 생각했다. 21일쯤엔가 또래 여성들에게 대화의 형식을 띤 공격에 지속적으로 노출되는 상황으로부터 벗어나라는 말을 하고 싶었다. 더 많은 사람들에게 이야기하고 싶은데 어떻게 하지 고민했다. 출판사에 투고를 할까도 했지만 책이 나오기까지 시간이 오래 걸릴 것 같기도 했고, 내가 지금 대한민국 여성들에게 꼭 필요하다고 생각하는 이 내용들을 누가 알아보고 빨리 책으로 출간할 수 있게 도와줄까 싶기도 했다. 대형 출판사에서 이름 없는 나를 알아봐줄 것 같지도 않았다. 이런 고민을 털어놓았더니 한 친구가 독립 출판을 제안했다. 그런데 나는 글을 쓰지만 디자인은 할 줄 몰랐다. 그 작업을 해줄 수 있는 누군가와 함께 팀 출판을 해야지 생각한 것이 《우리에겐 언어가 필요하다》의 시작이었다. 원래는 단행본의 형태보다는 팸플릿에 가까웠다. 아이디어만 있었기 때문에. 팀을 모으고 작업을 해나가면서 단행본으로 발전했다.

전에 없던 방식으로 출판하다

•

지금의 팀은 어떻게 만났나?

쓸 내용은 나한테 있는데 그 외에 출판에 필요한 것들은 하나도 몰랐다. 그래서 함께할 사람들을 찾는다는 이야기를 트위터에 올렸는데 그날 바로 팀이 꾸려졌다. 마케터, 디자이너, 편집자 이렇게. 팀이 결성된 당일엔 온라인으로 모였고 5월 25일에 오프라인에서 처음 만나서 출간 회의를 했다. 원고는 집필 9일 만에 탈고했다. 원래는 6월 초에 서울국제여성영화제가 열리니 거기에 무료 비치용 팸플릿으로 만들자고 시작한 것이었는데, 쓰다 보니 분량이 많아져서 책이 됐다. 놀라웠던 것은 팸플릿이냐 책이냐, 책을 낸다면 온라인 판매냐 텀블벅 크라우드 펀딩이냐, 텀블벅 크라우드 펀딩을 하면 리워드는 무엇을 해야 하냐 등 짧은 기간 안에 의사결정할 것이 많았는데 그게 다 착착 진행됐다. '책을 내야겠다'에서 시작한 것이 아니라, '지금 이 시점에서 세상에 필요한 메시지를 어떻게 더 많이 흘려보낼 수 있을까' 고민했고 그 위에 그것을 위해 해야만 하는 일들이 쌓여서 《우리에겐 언어가 필요하다》가 만들어졌다.

원래 아이디어만 있었다고 하지 않았나. 어떻게 9일 만에 탈고할 수 있었나?

첫 책을 썼을 때의 느낌이 무척 특별했던 것이 모든 문장이 머릿속에서 완성된 채로 쫙 흘러나왔다. 나는 그저 머릿속 생각을 받아쓰는 느낌이었다. 기본 얼개가 머릿속에 있었고, 그걸 그대로 썼다. 학업과 원고 쓰기를 병행했는데 그렇게 수업과 원고 쓰기에만 집중해서 딱 9일 걸렸다.

첫 책을 다이얼로그로 구성했다. 주로 외국어 학습서에서 많이 본 형식으로 구성된 점이 인상적이었다. 민경 님의 전공통번역학**과 맞닿은 부분이 있다고 생각했는데, 학교 공부를 하면서 원고를 쓴 것이 책의 형식에 영향을 미친 부분이 있나?**

어느 정도 있다. 그때도 지금도 나는 외국어 학습자이고, 앞으로도 외국어 학습자일 것이다. 모국어를 기준으로 두고 외국어를 계속 배우는 입장에서, 페미니즘의 언어를 배워가는 것도 모국어를 쓰는 사람이 외국어를 배워가는 상황과 비슷하다고 생각했다. 페미니즘의 언어를 배운다는 것은 그동안 가부장제 사회에서 태어나고 길러진 사람들이 지금과는 다르게 말하고 다르게 행동하는 방법을 배우는 과정이다. 외국어를 배울 때 우리가 머릿속에 모국어의 형태로 가지고 있는 기본적인 경험이나 감각들을 설명하는 단어를 찾아내고 맥락과 연결하는 훈련이 필요하지 않나. 언어는 자연스럽게 생활하면서 배우면 제일 좋은데 모두가 그럴 수 있는 상황이 아니기 때문에 상황을 가정한 매뉴얼이나 교본을 통해 익혀야 하는 것, 그런데 연습하다 보면 익혀지는 것. 이것이 외국어와 페미니즘의 언어를 배우는 과정의 비슷한 점이라는 생각을 했다. 그래서 《우리에겐 언어가 필요하다》의 구성 아이디어를 외국어 학습 경험에서 많이 얻었다.

기존의 출판 방식과는 조금 다른 과정을 통해 《우리에겐 언어가 필요하다》가 출간됐다. 제작 기간도 무척 짧았고, 전혀 모르던 사람들이 프로젝트 팀으로 만나서 온·오프라인을 넘나들며 일한 것도 그렇고.

그런데 그게 우리 세대에겐 익숙한 방법이지 않나. 온라인에서 회의하고, 각자 일하다가 필요할 때 오프라인에서 만나고. 당시에 텀블벅이라는 플랫폼이 있었기 때문에 가능한 일이기도 했다. 만약에 내가 작가가 되고 싶었다거나, 출판계에 몸담고 싶었다면 그렇게 하지 않았을 수도 있다. 출판을 하게 된 것은 우리의 메시지를 효과적으로 세상에 발신하기 위한 방법 중 하나가 그것이라고 생각했기 때문이다. 그래서 기존의 출판 절차에 얽매이지 않고 일도 의사결정도 심플하게 진행한 면이 있었다.

텀블벅에 프로젝트가 올라가자 반응이 폭발적이었다. 이런 반응을 예상했나?

전혀 예상하지 못했다. 이쪽으로 아예 감이 없어서 목표액을 200만 원으로 잡았다. 원래 자비 출판을 할 생각이었기 때문에 200만 원만 넘으면 사비를 조금 보태서 책을 일단 내보자는 마음이었다. 프로젝트가 성공하든 아니든 어차피 출간할 생각이었기 때문에 성공을 예측할 필요가 없었다. 그런데 반응이 폭발적인 것이다. 텀블벅 페이지를 오픈한 지 3시간 만에 목표 금액을 달성했고, 이후 3주 동안 목표 금액의 2천 퍼센트를 달성했다. 목표 금액의 20배가 넘은 금액을 펀딩받은 것이다.

그때 나 역시 《우리에겐 언어가 필요하다》 텀블벅 후원이 진행되는 것을 계속 지켜봤다. 강남역 살인사건으로 좌절감을 느끼던 상황에서 페미니즘과 관련된 책이 2천 퍼센트가 넘는 달성률을 보인 것이 위로가 된 측면도 있다.

텀블벅을 플랫폼으로 삼은 이유가 그것이다. 함께 반응을 확인할 수 있으니까. 그때는 페미니즘 이슈가 지금처럼 첨예하게 사회적 이슈로 떠오르지 않았던 때였기 때문에 여성들의 결집을 어떤 숫자로 보여줄 필요가 있었다. 그렇게 많은 사람의 참여를 예상하지 못했지만 어떤 바람은 있었다. 페미니즘을 몰랐던 사람들이 관심을 갖기를 바라는 마음, 관심이 있었던 사람들이라면 이 프로젝트를 통해 서로 연결되어 있다는 것을 느꼈으면 하는 바람. 봄알람은《우리에겐 언어가 필요하다》로 번 수익을 우리가 번 돈으로 생각하기보다 강남역 살인사건이 던진 충격에 각자의 방식으로 반응한 여성들과 같이 이루어낸 성과라고 본다. 오랫동안 서점에서 분야(여성학/여성 문제) 1위였는데, 그것이 공동의 성취처럼 느껴진다. 우리 책을 찾아 읽는 사람들이 멀리 있는 독자라기보다는 가까이 있는 친구 같다는 느낌을 많이 받는데, 아마도 무언가를 함께 성취했던 사람들이라는 연대의식 때문인 것 같다.

전통적인 일의 영역에서는 출판계, 광고계, 금융계 등 직무를 중심으로 계열이 나뉜다. 비슷한 계열로 묶인 직업들은 일의 방법과 목적이 비슷하고, 그 일을 수행해내기 위해 요구되는 능력 또한 비슷하다. 하지만 봄알람이 일에 접근하는 방식은 다르다. 발신하고 싶은 메시지가 먼저 있는 상태에서 그 메시지를 최대한 효과적으로 전달할 수 있는 수단으로 출판을 선택했다. 또한 그 메시지에 동의하는 사람들이 서로 만나서 자신들에게 가장 편리한 방식으로 일했고, '우리에겐 언어가 필요하다'는 선언에 많은 사람이 동의하고 있다는 것을 가시적으로 확인시켜줄 수 있는 플랫폼을 이용해 책을 판매했다. 메시지를 발신하는 나(우리)를 중심에 두고, 구매하는 사람들까지 프로젝트에 포함시키는 일의 방식은 이전에 없던 새로운 방식이다. 세상에 알리고 싶은 콘텐츠나 제품이 있다면 누구나 시간과 공간, 자본의 제약 없이 표현하고 소개할 수 있도록 돕는 플랫폼의 출현과 일에 대한 새로운 이해를 가진 세대의 등장이 만들어낸 하나의 주목할 만한 현상이었다.

하지만 이들의 행보는 하나의 현상으로 끝나지 않았다. 《우리에겐 언어가 필요하다》의 판매가 마무리되고 축하 파티를 하던 날, 다음 책인 《우리에게도 계보가 있다》의 아이디어가 나왔고, 이들은 정식으로 출판업 등록을 결심한다.

출판사와 활동가 그룹,
둘 다이거나 그 무엇에도 속하지 않거나

•

'봄알람'에 담긴 의미가 궁금하다.

프랑스어로 '영혼의 안식baume a l'ame'이라는 뜻이다. 당시 내 트위터 아이디였는데, 출판사 이름을 정할 때 마땅히 다른 것이 생각나지 않아서 그대로 쓰게 됐다.

우리말이 아닌데 우리말인 것처럼 느껴진다.

다들 그렇게 생각한다. 우리도 나중에 의미를 덧붙였다. '페미니즘의 봄을 알리고자 한다'라고도 해석한다.

현재 마케터 혜윤, 편집자 두루, 디자이너 우유니게, 기획자이자 작가 이민경. 이렇게 네 명이 함께 봄알람을 꾸리고 있다. 네 명의 역할이 뚜렷하게 나뉘나?

그렇다. 마케팅, 기획·집필, 편집, 디자인 이렇게 나뉜다. 나는 여기서 기획과 집필을 맡고 있고. 기획을 제외하면 봄알람은 분업이 철저히 되어 있는 편이다. 업무는 분장이 되어 있어서 각자의 역할에 충실하다. 다만 네 명이 서로에게 피드백을 계속 주고, 원하는 파트에 참여할 수도 있다. 이런 디자인 좋다, 이런 이벤트 하자, 이런 기획 해보자 하는 이야기들을 자유롭게 주고받는다. 서로의 전문성을 신뢰하고, 도움이 되는 방향으로 피드백 하려고 한다. "이거 싫어", "이건 이상해" 하기보다는 좋은 점을 먼저 보고 피드백 한다.

그러면 서로 힘도 받고 결과물도 좋아진다.

봄알람이 출간한 책들은 디자인도 인상적이다. 흔히 말하는 '여성스러움'과 거리가 있기도 하고. 디자인 방향은 서로 미리 의견을 협의하고 진행하나?

철저히 우유니게 디자이너의 의도이다. 나머지 멤버들은 피드백을 하는데 거의 응원이다. 워낙 잘하니까. 디자이너로서 상당히 과감한 선택을 하고, 그 선택에 따른 작업물들이 다 좋았다. 한때 여성을 주제로 하거나 페미니즘을 다룬 출판물들의 표지 컬러가 핑크로 수렴한 때가 있었다. 그때 우리는 그러니까 그렇게 하지 말자고 했다.

사무실이 따로 있나?

없다. 한 달에 두 번 정도 카페나 넷 중 누군가의 집에서 만난다. 모여서 먹고 이야기 나누고 회의한다. 《유럽 낙태 여행》 기획 회의를 할 때는 일주일에 한 번씩 꼬박꼬박 만났다. 우리가 규칙적인 사람들이 아닌데 그때는 상당히 규칙적이었다. 필요할 때 필요한 만큼 만난다.

기획이 생기면 그 기획에 맞춰서 모임 날짜랑 만나는 횟수가 정

해지는 것인가?

철저히 '일 중심적'인 거다. 더 구체적으로는 '내고 싶은 책' 중심으로 만남이 이어지고 있다. 우리가 결성된 계기가 《우리에겐 언어가 필요하다》 때문이지 않았나. 만약에 우리가 여성주의 출판사를 하자고 모였더라면 다른 방식의 모임, 다른 장소, 다른 준비물 등이 필요했을 것이다. 하지만 우리만의 방식으로 시작했고 그래서 우리만의 방식으로 이어나가고 있다.

출판 기획은 어떻게 하나?

내 책 같은 경우는 우선 써서 보여준다. 《우리에게도 계보가 있다》 같은 경우에는 첫 책 배송을 마친 날, '한 권 더 해볼까' 생각하면서 시작됐다. 《우리에겐 언어가 필요하다》를 출간하는 것을 목표로 모인 사람들이었으니 그 시점에서는 해산이 잠정적인 수순이었다. 목표를 달성했으니까. 그런데 내가 책을 하나 더 해보자고 제안했고 거기에 멤버들이 동의하면서 만남이 계속 이어졌다. 내가 쓴 세 번째 책 《잃어버린 임금을 찾아서》를 낼 때는 초고를 써서 편집자 두루에게 보여줬다. 내가 쓴 원고이니 나는 객관적으로 볼 수가 없고, 좋은지 아닌지 판단할 수 없으니까. 초고를 다 읽은 두

루의 반응은 "엄청 좋다"였다. '신뢰하는 멤버가 엄청 좋다고 하면 진짜 좋은 거지'라고 생각했고, 멤버 모두가 있는 메신저 창에 "나 하나 더 할라고"라는 메시지를 띄웠다. 다른 멤버들도 출간에 동의해줘서 다음 책이 나왔다. 최근작인《유럽 낙태 여행》은 기획도, 집필도 넷이 함께 했다.

봄알람이 내는 책들을 보면 페미니스트들이 생각하거나 다루어야 할 주제를 딱 '반 발' 앞서서 제시한다는 느낌을 받는다. 이슈가 부글부글 끓기 시작할 때 책이 나옴으로써 사회에 문제의식이 확산되거나 더 깊이 있는 논의로 들어갈 수 있도록. 꽉 짜인 연간 계획이 없고, 책 중심으로, 기획 단위로 움직이기 때문에 시의적절한 주제로 빠른 출판이 가능하다는 생각이 든다.

시의성과 우리의 메시지에 중심을 두고, 우리의 건강을 갈아넣으면서 만든다. (웃음) 사실 '운동movements을 한다'는 생각이 있기 때문에 이런 식의 기획이 가능하다고 본다. 운동이 아니라 출판이 중심이었다면 아무리 미리 기획하고 선도하려고 해도, 페미니즘 무브먼트의 핵에서 일어나는 일을 빨리 따라가는 것이 어려웠을 것이다. 하지만 우리는 변화를 만들어 나가려는 것이 우선이기 때문에 기성 출판에서 여성주의 도서를 출간하는 방식과는 다를 수밖에 없다.《유럽 낙태 여행》도 '여성의 낙태할 권리가 이슈구나'가 아니라 '낙태죄 폐지를 이슈로 만들어야지'라고 생각하면서 책을 기획했다.

활동가로서 글을 써서 변화를 만들어야겠다고 생각했다면 블로그나 SNS도 있지 않나. 그런데 굳이 출판의 형식으로 실행하는 이유는 무엇인가?

두 가지 정도가 있다. 하나는 너무 똑같은 말을 일상에서 반복하는데 그러지 말고 필요한 말들을 일목요연하게 책으로 정리해보자는 것이었다. 《우리에겐 언어가 필요하다》가 그렇게 책으로 나오지 않았나. 원래는 팸플릿 형태를 구상했지만 만들다 보니 잘 정리하고 디자인해서 손에 쥘 수 있는 형태로 완결성 있는 메시지를 전달하고 싶었다. 그래서 블로그를 포함한 온라인 매체보다 인쇄물을 생각한 것이다. 또 하나는 여성의 역사가 잘 지워지기 때문에 정식 단행본으로 만들어야겠다는 생각도 있었다. 출판사를 시작하고, 출간을 이어가고 있는 이유가 몇십 년이 지나도 기록으로 남게 하려는 의도이다. 출판 등록을 하고 ISBN(국제표준도서번호)을 넣은 책이 출간되면 어디에서든 검색이 되고 공식적인 기록에서 지워지지 않으니까. 기억에서 잊히더라도 기록에서 지워지지 말자는 생각이 있었다.

여성들의 역사는 계속해서 기록되고 기억되어야 한다

•

책이 그렇게 좋은 반응을 얻었는데도 잊히거나 없어질 수 있다는 걱정을 했다.

그동안 여성들의 역사가 잊히거나 기록되지 않고 계속 문제가 반복되어 왔다는 것을 알기 때문에 불안감이 있었던 것이 아닐까.

봄알람의 주요 독자들은 누구인가?

마니아층이 있다. 우리가 낸 책을 쭉 따라서 읽는 분들. 특이한 것은 우리는 독자들로부터 "봄알람을 좋아한다"는 말을 많이 듣는다. 대개 책을 좋아하지 출판사는 잘 모르는데. 우리가 출판으로 페미니즘 운동을 한다는 것을 이해해주시는 것 같고, 그래서 넷이 뭘 하나 궁금해하면서 우리 책을 읽고 응원해주신다. 정확한 조사를 해서 통계를 낸 것은 아닌데《우리에겐 언어가 필요하다》를 인생의 첫 페미니즘

책으로 여기면서 자신을 페미니스트로 정체화하신 분들이 많다고 들었다.

봄알람은 지금 이 시대 여성들의 이야기를 정식으로 기록하고 다음 세대에 넘겨주어야 한다는 책임감을 가지고 있다. 특정한 몇몇에게만 기록할 수 있는 권위가 부여됐던 시대에서 모두가 SNS에 자신의 역사를 기록하는 시대로 바뀐 지금, 봄알람은 단순히 '여성의 역사가 기록되어야 한다'고 구호를 외치는 것에 그치지 않고 실제로 그것을 기록하는 주체가 되어 지금 여기에 필요한 이야기들을 써 나가는 중이다.

두 번째 책 《우리에게도 계보가 있다》를 보면 "(페미니즘 운동의 모습은) **일부러 계승하지 않아도 이전의 움직임을 닮아 있다"라는 언급이 있다. 요즘 활동하는 페미니스트들 중에는 90년대 영페미와 자신을 거리두기 하고 싶어 하는 움직임도 있지 않나. 그런데도 불구하고 한 발짝 떨어져서 보면 이전의 움직임과 닮아 있다는 생각을 하게 된다.**

맞다. 나는 그 전 세대를 부정하는 모습마저도 닮아 있다고 본다. 계속 이어져 오고 있는 모습이라고. (웃음)

일부러 따라하지 않아도 이전과 지금의 페미니즘 운동 방식이 닮아 있는 이유는 무엇이라고 보나?

무無로 돌아가서 늘 새로 시작하는 것이 아니라. 이전의 성취 위에 새로운 것이 쌓이기 때문이라고 생각한다. 사회가 퇴보하기도 하고 진보하기도 하지만 그것은 누가 집권하느냐 어떤 쪽이 권력을 더 가지느냐와 관련된 문제이고, 이와 별개로 여성들은 계속 나아가고 있다. 예를 들면 우리가 낙태죄 폐지를 외쳐도 국가에서 돌연 낙태를 전면 금지할 수 있다. 하지만 이미 낙태죄 폐지를 외치는 감각을 가진 사람이 낙태가 법적으로 전면 금지됐다고 해서 그 감각을 잃어버리진 않는다. 그런 의미에서 계속 쌓여가고 있다고 생각한다. 이전에 살아간 여성들이 쌓아둔 성취와 진보 위에 우리는 우리 세대의 감각으로 또 다른 성취를 쌓는 것이다. 어떤 여성이 사회 안에서 페미니스트로 성장하고, 페미니즘에 대해 깨닫는 그 순간은 내가 어떤 상황, 어떤 시간 속에 있건 비슷한 패턴을 갖는다.

사회가 계속 변하고 있지만, 또 유구하게 변하지 않는 부분이 있기 때문일까?

여전히 여성의 인권과 관련한 것들이 나아지지 않는 사회에 살아가고 있는 것도 이유가 될 수 있다. 사회가 여성이 처한 현실과 구조를 살피고 그 불합리함을 깨닫지 못하게 만들기도 한다. 그래서 전 세계 어디를 가도 '여성의 각성 서사'가 비슷한 패턴을 가진다고 본다. 지난겨울에 폴란드에 갔는데 폴란드에서 '검은 시위'를 하게 된 배경이 강남역 10번 출구에서 벌어진 시위와 너무 비슷했다. 두 나라의 사회경제적 배경도 다른데. 강남역 살인사건 이후에 페미니스트가 된 사람들이 이런 말을 하지 않나. 나는 차별을 안 받고 자랐다고 생각했는데 이 사건을 경험하면서 사회 안에서 나의 존재에 대해 다시 느끼게 됐고 전으로 돌아갈 수 없는 감각이 생겼다고. 범죄에 희생된 피해자가 내가 될 수 있다는 것을 자각한 것이다. 폴란드의 검은 시위는 정부가 낙태를 전면 금지해서 일어난 시위인데, 폴란드 여성들이 '내가 자연유산을 해도 처벌될 수 있다니'라는 생각을 하게 된 것이다. 삶이 건드려진 거지. 이 패턴이 너무 똑같았다. 외부적인 사건으로부터 내 삶이 건드려지면서 관점이 바뀐 사람이 하게 되는 말, 갈망하는 것들이 비슷하기 때문에 각성한 여성들이 그 이후에 비슷하게 행동하는 것은 아닐까. 다른 나라의 사례를 통해 '저 사람들은 저렇게 움직였으니까 우리도 이렇게 움직이자' 하는 것은 아니고.

《우리에게도 계보가 있다》에서 작은 승리와 성취를 기억하고 그 것을 기념해야 한다고 말하며, '승리' '성취' '기념'을 강조한 것이 인상적이었다. 여성들은 자신이 스스로 명백히 이룬 것을 두고도 '이것이 나의 승리일까, 나의 성취일까' 계속 검열하는 삶을 살았다. 봄알람은 이런 승리와 성취를 어떻게 기억하고 기념하나?

우리가 최근에 2주년 파티를 했다. 인스타그램에 축하하는 글도 남기고, 다들 바쁘고 녹초가 되어서 만나기도 힘든데 굳이 시간을 잡고 만났다. 맛있는 것 먹고 놀자고. 그런 시간들을 일부러 만들어야 한다고 봄알람 멤버들 모두 생각한다. 축하의 세러머니를 일부러라도 하고, 곱씹고, 남겨놓는다. 남성 중심적 구조에서 여성들은 자신을 검열하고, 자책하고, 스스로 부족한 사람이라고 생각하면서 산다. 페미니스트가 되고 나서도, 자책하는 방식으로 운동을 계속 이어나가는 경향이 있다. 나는 충분히 페미니스트답지 못하고 아직도 이만큼 더 진보해야 된다는 생각. 그러면서 스스로에게 무척 엄격하고 자기 처벌적인 방식으로 운동에 임한다. 추구하는 바가 달라졌어도 행동의 습관은 남아 있는 것이다. 페미니스트가 됐으니 그런 태도와 습관까지 바꾸어야 한다고 생각해서 잘한 일, 좋은 일들을 기어이 기억하고 칭찬하고 기념하려고 하는 편이다.

내 안의 변화를 직시하는 여성의 힘

•

우리에게 어쩔 수 없이 습관이 되어버린 패배의식이나 자기검열에서 빠져나올 수 있는 방법은 무엇일까?

나의 의도와는 무관하게 바깥에서 벌어진 일의 결과에 주목하다 보면 내가 할 수 있는 것이 아주 많지 않다. 이를테면 우리가 페미니즘 운동으로 낙태 합법화를 가능하도록 만들었다고 하자. 그런데 낙태를 반대하는 기독교 우파 정권이 권력을 쥐게 되고 그 결과 이전 상태로 다시 되돌아간다면, 그렇게 됐을 때 낙태죄 폐지를 지지하며 변화를 이끌어냈던 개인들은 그 상황을 자신의 실패처럼 여길 수 있다. 그러나 그것은 그저 힘의 차이로 발생한 일일 뿐이다. 때문에 '내가 무엇을 했는가', '앞으로 우리가 무엇을 하려고 하는가'에 주목해야 한다. 그렇지 않으면 패배했다고 느낄 수밖에 없다. 나는 내가 통제할 수 있는 선에서 무엇인가 해냈을 때의 성취를 기준으로 삼고 우리만의 승리의 서사를 써

나가야 한다고 생각한다. 우리와 반대 의견을 가진, 현실 권력을 가진 이들이 손바닥을 뒤집어버린다고 해서 여태까지 내가 했던 노력들이 실패로 전환되지 않도록.

내 통제 안에 있는 나의 변화들을 민감하게 느껴야 하는데 우리는 아직 그런 훈련이 되어 있지 않다. 승리의 서사 중심에 우리의 변화를 둘 수 있는 방법은 무엇이 있을까?

승리의 기준을 완전한 평등, 완전한 해방으로 놓으면 안 되는 것 같다. 평등이나 해방은 외부의 힘과 맞물려서 일어나는 일들이다. 잘해야 본전인 상황이 되기 쉽다. 하지만 내 경우로 이야기해보자면 운동을 해나가는 과정에서 내 삶은 진짜 많이 바뀌었다. 보통 '사회가 바뀌었다/안 바뀌었다', '세상이 좋아졌다/그대로이다' 하고 말하지 않나. 나는 여기에서 주어가 잘못됐다고 본다. 사회는, 세상은 바뀌지 않을 수 있지만 여성 개인은 페미니즘을 만나면 계속 바뀔 수밖에 없다. 실제로 계속 바뀌고 있다. 우리 세대의 여성들은 이전 시대의 여성들과 다르다. 그 변화한 여성들이 요구하는 바를 사회가 들어주지 않는 것이 여전할 뿐이다. 이걸 하나로 뭉뚱그려서 사회가 안 바뀐다고 치부해버리면 그 안에 속한 내가 안 바뀐 것처럼 느껴진다. 그래서 주어를 명확하게 해야 한다. '나는 바뀌었다'로.

이런 생각이 봄알람의 운영 방향에 어떻게 적용되나?

우리가 '바꾸어야 할 대상'이 아니라 '변화를 만들어 나가고 있는 여성들'에게 말하기. 이것이 우리의 전략이다. 사회는 점점 변하고 있다. 다만 요지부동인 사람들이 있다. 그것은 나랑 전혀 상관없는 문제이다. 물론 그쪽의 변화도 이끌어내기 위해 타격하고 시도하지만, 내가 승부를 가름할 때 봐야 할 것은 그 사람들이 아니다. 봄알람의 전략은 우리 옆에 있는 여성들에게 말을 거는 것이다. 주어를 우리로 가지고 올 수 있도록. 사람들이 남성 중심주의 영향 아래 있는 남성들을 바라보면서 바뀐 것이 없다고 금방 실망하는데 옆을 잘 안 본다. 지금 우리가 변하고 있는 것을 아무것도 아닌 일로 취급하는 여성들도 많다. 자기 힘을 스스로 간과하는 것이다. 그런데 우리가 바뀌는 것이 얼마나 소중한 일인가. 성폭력 사건에서 피해자 중심주의 개념이 정립된 것을 보자. 예전에는 없었던 말인데 여성들이 싸워서 만들어내지 않았나. 그 관점이 성폭력 사건을 대하는 사회의 규범을 바꾸고 있다. 앞으로 더 그렇게 될 것이고. '사회가 안 바뀐다'라는 말 속에는 헤쳐서 봐야 할 것이 많다. '내가 달라졌다'

라는 말이 더 중요하다.

우리에겐 더 많은 언어가 필요하다

•

이민경 공동대표는 자신의 세 번째 책에서 여성의 열악한 임금과 일자리에 대해 다뤘다. 여성들의 삶과 직결되는 이야기이지만, 막상 이야기하려고 들면 잘 알지 못하고, 또 뾰족한 수가 없어 불편한 이야기. 그래서 누구도 반기지 않던 이야기. 하지만 이민경 공동대표는 이 이야기를 해야겠다고 생각했다. 누군가는 말해야 우리에게 불편함을 설명할 수 있는 언어가 생기고, 언어로 실체가 드러났을 때, 이에 대응할 수 있는 기회가 만들어진다는 생각 때문이었다. 《잃어버린 임금을 찾아서》는 이런 생각에서 출간됐다.

《잃어버린 임금을 찾아서》에서 여성의 저임금 문제를 다뤘다. 그 다음에 낙태를 주제로 잡은 이유는 무엇인가?

여성 임금 문제에서 낙태로 주제가 이어진 것은 그냥 우연이었다. 항상 그런 식이다. 책을 출간할 때쯤 낙태죄 폐지 논의가 중심 의제가 되지 않을까 싶은 생각이 있긴 했다.

그 예상이 맞았다. 그냥 그러지 않을까 생각했다는 것인데, 이런 감은 어디서 오는 것인가?

활동가로서의 내가 생각하는 것이다. 나 역시 이 시대를 살아내고 있는 여성이라 페미니즘 운동을 함께 해나갈 여성들과 비슷한 감각을 공유한다. 우리는 낙태 합법화를 위한 다른 움직임에도 참여하겠지만, 일단 책이라는 매체로 먼저 목소리를 내는 사람들이니까 책을 우선 내기로 한 것이다. 낙태 합법화와 관련한 구체적인 사례와 이를 말할 수 있는 언어가 있다면 많은 여성들이 이걸 더욱더 자신의 문제라고 생각할 수 있을 테니까.

그 이야기를 하기 위해 여행기의 방식을 선택했다. 그 이유는 무엇인가?

낙태를 둘러싼 공방과 여러 통계들이 담긴 정보서는 '성과재생산포럼'에서 내실 테고, 인터뷰집은 재미가 없을 것 같았다. 결과적으로 인터뷰가 많이 들어갔지만. 여행기라는 콘셉트를 취한 것은 한 번쯤 여행기를 쓰고 싶었다는 것 외에도, 좀 비틀고 싶은 지점이 있었기 때문이다. 낙태에 대한 이야기이지만 여행기이기 때문에 이 책이 보건 분야에 들어가는 게 아니고 여행 분야에 들어간다는 것. 이질적인 요소들이 섞였을 때 생기는 당혹감 같은 게 있을 것이라고 생각했다. 여행이라는 것은 자기 몸을 오롯이 지켜내야 하는 여정이다. 그리고 그게 가능한 사람이 여행을 떠난다. 자기 몸에 대한 통제권을 가지고 국경을 넘어서 자유롭게 이동하는 이미지와 낙태가 지향하는 바가 비슷해 보였다. 그런 걸 섞어보고 싶었다. 여성들은 이런 것을 보고 기발하고 재밌다고 느끼고, 남성들은 당혹스럽고 위험하다고 느낄 것이다.

여행기라 그런지 잘 읽혔다. 나도 봄알람 멤버들의 여정을 함께 하며 그 길 끝에서 만나는 활동가들이 왠지 반가웠다. 이 역시도 기획이 좋다는 생각이 들었다.

여성이 여행을 떠나는 것이 허락된 지 얼마 안 됐다. 전 세계적으로 여성에게 낙태를 허용하고 여성의 재생산권을 존중해주는 법과 제도가 논의된 지 얼마 되지 않은 것과 비슷하다. 네 여자가 여행을 떠난다는 것은 굉장한 자유를 동반한다. 나는 독서를 통과하는 것이라고 말하곤 하는데, 여행도 마찬가지인 부분이 있다. 우리는 이번 여행을 통과하면서 낙태죄 폐지에 대한 생각이 더 깊어졌고, 새로운 사실도 많이 알게 됐다. 이 여행을 가기 전과는 다른 사람이 된 것이다. 그런 경험을 독자들도 함께하면 좋겠다고 생각했는데 다행이다.

여행하면서 가장 인상적인 순간은 언제였나?

너무 많았는데 가장 인상 깊었던 순간은 프랑스에서 플로랑스라는 여성을 만났을 때였다. 그는 1970년대 프랑스에서 낙태 합법화를 이끌어낸 페미니스트 중 한 명이다. 다른 나라에서는 영어로 대화했는데, 프랑스에서는 내가 통역을 해야 하는 상황이었다. 인터뷰를 진행하던 중 플로랑스가 이런 말을 했다. "나는 피임약을 복용한 첫 번째 세대예요"라고. 그 말이 무슨 말인지는 바로 이해했다. 그런데 한참 이야기하다가 "그래서 내 아이들은 프랑스 역사상 부모가 원해서 낳은 첫 번째 세대인 거예요"라고 하더라. 여기에서 '부모가 원해서 낳은 아이'라는 말이 처음엔 이해가 안 됐다. 원해서 낳은 아이랑 엄마가 피임약을 먹은 거랑 무슨 상관이 있지 하고 생각했으니까. 지금 돌이켜보면 무척 당연한 사실인데, 그 순간엔 별개라고 느껴졌다. 탄생과 피임은 전혀 다른 뉘앙스를 주지 않나. 피임약의 복용이 축복받는 아이를 낳게 만들어준다는 것이 모순된 듯 보이지만 진실이라는 걸 깨닫는 데 시간이 걸렸던 것이다.

그 순간이 특히 더 인상적이었던 이유는 무엇인가?

내가 플로랑스의 말을 바로 이어서 연결짓지 못했다는 것이 인상적이었다. 두 문장이 논리적이지 않다고 여겼다. 2초 정도의 시간이 흐르고 이해했는데, 내가 낙태에 대해서 상당히 표면적으로 이해하고 있었다는 것을 깨닫게 된 2초였다. 낙태가 자기 삶에 대한 책임감의 표현이라고만 생각하고, 사랑과 축복이 깃든 출산과는 연결짓지 못했던 것이다. 아이를 꼭 낳을 필요도 없고 아이를 낳는 것이 아이를 안 낳는 것보다 좋다고 생각하지는 않지만, 사랑받고 환영받는 아이를 낳기 위해서라도 여성에게 임신 중단에 대한 권리가 필요할 수밖에 없다는 사실을 깨달았다.

그렇게 지난겨울에 여행을 했고, 《유럽 낙태 여행》 마지막 글을 쓴 것은 여름이 다 되어서인데 그사이에 한국에서 형법 269조 낙태죄 폐지를 둘러싸고 많은 일들이 일어나지 않았나. 그걸 책의 마지막에 정리한 것도 인상적이었다. 세상은 우리의 기대보다 빨리 변하고, 한편으로는 기대보다 느리게 변한다는 사실을 임팩트 있게 전달한 것 같다.

우리가 책에 극적인 요소를 부여하려고 그랬던 것은 아니고, 아일랜드에서 돌아와서 얼마 지나지 않아서 낙태죄가 폐지되었다는 소식을 들었다. (아일랜드는 낙태 허용을 요구하는 목소리가 커지자 이를 위한 헌법 개정 여부를 국민투표에 부쳤고, 2018년 5월 찬성 66.4퍼센트, 반대 33.6퍼센트로 낙태죄 폐지를 결정했다.) 아르헨티나도 국민투표에서 낙태 허용 법안이 통과되고 그러지 않았나. (아르헨티나에서는 2018년 5월, 임신 14주 이내의 낙태를 허용하는 법안이 하원을 통과했다.) 이렇게 세계적으로도 여성의 권리에 대한 생각이 변해가고 있고, 그 변화를 동시대 여성으로서 같이 목격한다는 것이 대단한 일인 것 같다.

《유럽 낙태 여행》을 출간하고 나서 어떤 전망을 가지게 됐나?

'한국도 곧 낙태죄가 폐지되겠지'라고 생각했다. 이전에도 분명히 낙태죄 폐지, 임신 중단 합법화를 주장하신 분들은 있었다. 하지만 사회적 의제로서 낙태죄 폐지가 적극적으로 이야기된 것은 요즘이 처음이라고 봐도 무방할 것이다. 아마 호주제처럼 되지 않을까. 낙태가 남성 파트너와 정기적으로 섹스를 하는 사람에게만 한정된 문제가 아니라 여성이라면 누구나 외쳐야 하는 권리라는 걸 깨닫고 나면 이 이슈에 대해 이야기를 할 수밖에 없을 것이라고 생각한다.

봄알람의 앞으로의 계획은 어떤가.

처음엔 '내일 망해도 상관없다'가 모토였다. 그렇게 쿨하게 매출에 연연하지 않고 활동을 해야 원하는 것을 즐겁게 할 수 있을 것이라고 생각했다. 그런데 점점 봄알람을 잘 지켜내야겠다는 생각이 든다. 우리와 뜻을 함께 해주고 지지해준 여성들과 같이 일궈낸 성취에 바탕해 우리의 활동을 해나가고 있는 것인데 이 성취를 이어나가야 하지 않을까. 봄알람은 우리 네 명이 꾸려가고 있지만 한편으로는 우리 세대가 만들어낸 것이라는 감각도 함께 가지고 있어서, 그에 대한 책임감이 있다. 여성 청소년들이 여자들끼리 의기투합해서 일하는 것을 한 번도 못 본 것이랑 봄알람의 활동을 본 것이랑 다르지 않겠나. 우리가 롤모델이 될 수 있다고 본다. 저렇게 여자들이 일할 수 있구나 하고. 실제로 올해부터는 10대 청소년들로부터 진로탐색 인터뷰도 많이 들어온다. '페미니즘을 직업으로 삼는 건 어떤 일인가요' 하고. 서로 신뢰하는 페미니스트들끼리 오랫동안 함께 일하는 것이 가능함을 보여주는 것. 그것이 우리의 계획이다.

봄알람은 출판사일까 활동가 그룹일까. 사실 이것은 중요하지 않다. 지금까지 그랬던 것처럼 봄알람은 자신들만의 방식으로 일터를 꾸리고, 지금까지의 언어로 규정할 수 없지만 분명한 성취를 만들어내며 옆에 있는 여성들과 함께 앞으로 나아가고 있다. 오랫동안 일하는 사람들이 되기 위해, 그리고 가장 효과적인 방식으로 자신들의 메시지를 전달하기 위해 봄알람은 무엇이든 될 수 있을 것이다. 일터는 이렇게 만들어지기도 한다.

○

새로운 상식을 묻는

밀레니얼들의 미디어 커뮤니티

07

○

조소담

닷페이스 대표

조소담

○

미디어 닷페이스 대표

미디어 활동에 관심이 많아 2014년 또래 친구들과 20대가 직접 20대를 이야기하는 인터넷 미디어 〈미스핏츠misfits〉의 초기 멤버로 활동했고, 장소나 주제에 따라 불특정 다수로부터 모은 정보로 뉴스와 이야기를 만들어내는 미디어 플랫폼 '비트니스vvitness'를 구상해 2015년 에스디에프SDF 넥스트 미디어 챌린지에서 대상을 수상했다. 이와 같은 경험을 바탕으로 2016년 '밀레니얼 세대를 위한 새로운 저널리즘'을 지향하는 미디어 '닷페이스'를 창업했다. 닷페이스는 기성 언론에서는 잘 다루지 않는 주제, 이를테면 성 소수자 문제, 청소년 성매매 문제 등 우리 사회의 금기 아닌 금기를 정면으로 건드리며 문제 해결을 촉구하는 메시지를 사회에 던진다. 2017년 〈포브스〉가 선정한 '아시아의 영향력 있는 30세 이하 리더 30인'에 선정되는 등 밀레니얼 세대를 이끌 차세대 미디어 활동가로 주목받고 있다.

○

단군 이래 공부를 가장 많이 하고도 부모보다 가난한 첫 세대인 대한민국의 밀레니얼 세대. 그저 청춘들의 자조 섞인 이야기라고만 생각했는데, 몇 해 전 통계청에서 발표한 내용은 이 말이 사실임을 증명했다. 2016년 3월 발표된 통계청의 가계동향에 따르면, 가계동향 조사가 시작된 이후 처음으로 20~30대 가구의 월 평균 소득이 감소했다. 그해 가계동향 조사 결과, 소득이 줄어든 연령대는 20~30대가 유일했다. 비정규직 증가율, 청년 실업률 등 비관적 경제 지표는 증가세를 보였다. 점점 가난해지고 있는 밀레니얼 세대의 현실이 여실히 드러난 통계 수치이다.

이렇게 나 하나 살기도 바쁘고, 나의 안위를 먼저 챙기기도 팍팍한 밀레니얼 세대들에게 "10년 후 우리가 살아갈 사회는 누구의 손으로 결정될까요?"라는 질문을 던지는 미디어가 있다. 10년 뒤 사회의 향방을 결정할 밀레니얼 세대의 새로운 상식을 제안하는 미디어 닷페이스. 모든 멤버가 밀레니얼 세대로 구성된 이 조직은 지금 대한민국 젊은이들에게 필요한 메시지들을 어떻게 발견하고 확산시켜 나가는 것일까. 그리고 이를 위해 기성세대와는 어떤 방식으로 다르게 일하는지 궁금했다. 닷페이스의 사무실이 있는 홍제동 유진상가에서 조소담 대표를 만났다.

세상을 바꾸는 새로운 저널리즘의 탄생

•

닷페이스를 운영하기 전부터 지속적으로 자신만의 콘텐츠를 만들어왔다. 〈미스핏츠〉에 글을 쓰던 시절, 당시 최경환 경제부총리의 경제정책을 비판하고자 기획한 '최씨 아저씨에게'라는 글이나 세월호 추모집회 참여자들을 탄압했던 박근혜 정부를 비판했던 글 '[한 여대생의 고백] 오빠, 저 사실 빨갱이에요'를 보면 전하고자 하는 메시지를 어떤 방식으로 전달해야 효과적인지 아는 감각이 이미 있었던 것 같다. '이 메시지는 이렇게 전달하면 재미있겠다'라는 감은 어떻게 오나?

〈미스핏츠〉에 글을 올릴 때에는 매체를 가지고 노는 연습을 초반에 많이 했다. 카드뉴스 포맷이 막 등장하던 때였고, 규모가 작은 매체도 콘텐츠를 잘 만들면 SNS를 플랫폼 삼아서 영향력을 구축할 수 있던 시기였다. 입소문을 타면 무명 페이지에 올린 콘텐츠도 하룻밤 사이에 갑자기 2만 뷰를 올리기도 했는데 그러면 일간지나 주간지 같은 기존 주류 언론에서 그 내용을 취재해 싣기도 했다. 플랫폼의 특성에 맞게 이야기를 구성하고, 그게 독자들에게 전달되었을 때의 반응을 보는 게 너무 재미있었다. 이를테면 카드뉴스를 만들 때 왼쪽으로 카드를 넘겨서 순방향대로 보고 난 후, 다시 오른쪽으로 카드를 넘겨서 보면, 같은 내용의 카드인데 전혀 다른 이야기가 펼쳐지도록 구성한 적도 있다. 2015년 〈한국일보〉에 '썸머의 어슬렁, 청춘'이라는 글을 연재했었다. 그때까지만 해도 칼럼은 그냥 글로만 채우는 형식이 전부였는데, 더 재미있는 형식은 없을까 고민하다가 '움짤'을 넣어 연극 대본처럼 글을 구성하고 상황극으로 만들었다. 웹에 연재되는 칼럼이어서 가능했던 방식이었다. 이 매체에서 가장 효과적으로 이야기를 전달할 수 있는 방법이 무엇일지를 항상 고민하고 그것을 제약 없이 실행해보면서, 매체를 다루고 이야기를 구성하고 전달하는 법을 배웠다.

기존의 매체는 취재 방향과 기사의 게재 여부를 지휘하고 관리하는 데스크가 따로 있고, 논조의 일정함을 중요시하기 때문에 제약이 있을 수밖에 없다. 〈미스핏츠〉의 운영 방식은 어땠나?

편집장은 있었지만 글을 올리는 사람들의 지위가 수평적인 팀 블로그 형태로 운영됐다. 구글 문서에 원고를 쓰면, 그것을 읽은 모두가 다 같이 피드백 하는 방식이었다. 각자가 쓰고 싶은 것을 제대로 잘 쓰는 것이 목표였다. 특별한 필터링이나 제약은 없었다.

이런 운영 방식이 매체에 대한 감을 키우는 훈련을 하는 데 도움이 되었다고 볼 수 있을까?

내가 잘 하는 말 중에 “나는 근본이 없다”라는 말이 있다. 학교에서 배웠다거나 사수가 있어서 하나하나 가르침을 받은 경험보다는 이것저것 실험해보면서 시행착오를 겪으며 스스로 배워온 경험이 컸기 때문이다. ‘내가 할 수 있을까’, ‘내가 무엇을 잘할까’를 실험하던 시기에 ‘이건 기사로 내보낼 수 없겠다’, ‘이건 괜찮다’ 하는 식으로 콘텐츠의 퀄리티를 따져가며 걸러지는 과정을 거쳤다면 미디어 활동에 재미를 느끼지 못했을 것 같다. 그런 과정 없이 내가 쓴 대부분의 글을 바로 대중들에게 보여줄 수 있었고, 운 좋게도 사람들이 내가 내보낸 기사의 어느 지점에서 반응하는지를 알 수 있었다. 그걸 반복적으로 실험하면서 감을 쌓았다. 무엇이든 막 시도해볼 수 있는 환경에 있었던 것이 내게 좋은 영향을 끼쳤다.

이후 국정교과서에 반대하는 서명 사이트를 만들기도 했다.

행복한 반백수 시절의 일이다. 대학 졸업을 유예하고, 언론 고시를 준비한다는 핑계로 친구들과 함께 하고 싶은 것을 하던 시기였다. 아침 9시쯤 신문 하나 들고 스타벅스에 가서 자리를 잡고 친구 세 명과 시사 이슈에 대해 이야기를 나누는 것이 하루의 시작이었다. 그 시절에 국정교과서에 반대하는 소셜 서명 사이트를 만드는 등 딴짓을 종종 했다. 그러면서 나와 성향이 비슷한 사람들을 만났고, 함께 프로젝트를 진행하면서 '같이 하니까 이런 것도 되네?'라고 희열을 느끼며 창업의 길로 빠져들었다.

함께 했던 프로젝트는 무엇인가?

'비트니스'라고, 여러 사람들의 관점이 모여서 목격자로서의 저널리즘을 재구성한다는 콘셉트의 제보 플랫폼을 구상했다. 외국의 '우샤히디Ushahidi'라는 애플리케이션에서 아이디어를 얻었다. 내가 있는 위치에서 이미지를 찍어 보내거나 트윗을 올리면 그것들이 시간대별로 구성되어 지도에 나타나는 애플리케이션이다. 시민 저널리즘이자 민주주의 플랫폼이라고 할 수도 있다. 우리가 구상했던 비트니스라는 애플리케이션도 사건을 바라보는 각자의 시선에 따라 같은 사건이 다양하게 해석될 수 있고, 어느 시간대에 누가 봤느냐에 따라서도 사실이 다르게 보일 수 있다는 생각에서 출발했다. 즉 하나의 사건을 그 장소에 있었던 여러 사람들의 시각으로 총체적으로 다시 구성한다는 콘셉트의 플랫폼이다. 2015년 12월, 이것으로 에스디에프 넥스트 미디어 챌린지에서 대상을 받았다. 이 프로젝트를 함께한 비트니스 팀원들이 닷페이스의 초기 멤버들이기도 하다.

그 멤버들이 현재의 닷페이스 팀원들로도 계속 함께하고 있다.

그렇지는 않다. 플랫폼 기획이 아니라 콘텐츠 기획이 주된 사업 방향이 됐기 때문이다. 처음에는 플랫폼을 기획해보자고 모였지만, 우리는 그보다는 우리의 메시지를 발신하고 보여주려는 욕구가 더 강해서 일의 방향을 바꿨다. 그때는 '페이스Face'라는 이름으로 활동했다. '현장을 마주한다'는 뜻으로 이름을 지었다.

변화의 시작은
우리가 서 있는 자리에서부터

•

비트니스와 닷페이스 사이에 페이스가 있었던 거다.

닷페이스 법인을 설립한 것이 2016년 10월이다. 첫 월급이 그때부터 나온 것이다. 그전까지는 돈 없이 멤버들과 창업 준비를 하면서 헤매던 기간이었다. 그 전해인 2015년 12월부터 닷페이스의 프로토 타입을 만드는 등 할 수 있는 것들을 해나가면서 사업의 방향을 잡았다.

페이스 앞에 '닷dot'이 붙으면서 닷페이스가 됐다. 닷의 의미가 궁금하다.

닷에는 여러 가지 의미가 있지만, 그중에서도 변화의 '지점'이라는 의미가 담겼다. 우리 매체가 밀레니얼 세대가 마주해야 할 변화, 만들어야 할 변화가 뭔지 이야기를 많이 하지 않나. 그 변화의 지점이 어디냐는 질문에 우리는 우리 각자가 서 있는 자리에서부터 시작해야 한다고 말하고 싶다. 어떤 강연을 갔는데 한 사회적 기업가가 이런 말을 하는 것을 들었다. '세상의 변화를 어떻게 만들 수 있냐'는 청중의 질문에 대한 답이었는데, 자기가 서 있는 곳에서 반경 3미터까지가 자신의 문제의식이 닿는 곳이고, 그 문제의식을 3미터 밖의 세상과 연결시킬 수 있다면 세상을 바꿀 수 있다고 하더라. 거기에서 아이디어를 얻었다. 내 일상의 반경 3미터를 기준으로 내가 지금 만들고 싶은 변화와 나에게 일어나야 하는 변화를 모두 고민하고 같이 이야기하자는 제안. 그렇게 세상의 많은 점들이 모이면 세상이 바뀔 수 있지 않을까.

닷페이스 홈페이지에 가면 '우리의 이야기가 새로운 상식이 된다'라는 문구가 있다. 닷페이스가 말하는 새로운 상식은 무엇인가?

우리가 미디어로서 '새로운 상식이 필요하다'고 이야기하는 것은, 밀레니얼 세대가 말하고 있는, 전과는 다른 새로운 이야기들이 있는데 이것이 무엇인지 계속 찾아내고 드러내는 역할을 하겠다는 일종의 의지이다. 그게 무엇인지는 아직까지 실체가 또렷이 잡히지 않지만 이 세대가 살아갈 세상은 달라야 하고 다를 것이니, 사람들이 그 상식의 선을 업데이트할 수 있도록 미디어로서 할 일을 하겠다는 것이다. 우리가 여성 문제를 적극적으로 다루는 것도 이 문제가 이제는 새로운 접근이 필요한 시대적 과제가 되었다고 생각하기 때문이다. 성 소수자 이슈는 한 사회가 구성원들의 다양성을 어떻게 받아들이느냐에 관한 척도의 문제이다. 개인이 자신의 지향을 말할 때, 사회가 다양한 개인의 존재와 행복을 얼마나 인정하는지는 이 시대의 중요한 이슈이자 새롭게 정리되어야 할 상식 중 하나라고 본다. 그래서 닷페이스가 그 문제를 계속 다루고 있다. 우리가 초창기부터 다루었던 주제 중에 도시 환경도 있다. 우리가 10년 뒤에도 이 도시에 산다고 할 때, 지금 도시에서 일어나는 환경과 교통 문제들이 더 큰 문제로 확장되어 사람들을 위협할 것 같다. 그렇다면 도시 홍수와 미세먼지, 대중교통 문제를 우리가 지금 어떤 관점에서 봐야 하는지도 중요하다.

닷페이스가 새로운 상식에 대해 이야기하는 방식은 새로운 상식의 정의를 내리는 과정이라기보다는 새로운 상식을 대하는 태도에 더 가깝다. 빠르게 변화하는 시대에 필요한 새로운 상식이 무엇인지는 그 상식의 영향을 받으며 살아갈 미래 세대가 함께 정해야 한다는 것이 닷페이스의 존재 이유이다. 누구나 질문에 대한 답을 원하는 사회에서 자신들이 생각하는 정답을 말하는 것은 쉽다. 하지만 닷페이스는 질문에 질문으로 답한다. '이런 문제들이 존재하는데 이를 해결하기 위해 우리가 가져야 하는 새로운 상식은 무엇이다'가 아니라 '우리가 가져야 하는 새로운 상식은 무엇이어야 할까'라고. 그 답을 밀레니얼 세대가 스스로 찾아갈 수 있도록 질문을 던지는 것을 게을리하지 않는다.

초기에는 '저스티스 Justice**', '어반 어스**Urban earth**', '리얼 퓨처**Real Future**'처럼 카테고리를 나누고 여기에 걸맞은 콘텐츠를 제작해 게시했는데 최근에는 다른 방식으로 콘텐츠가 기획되는 것 같다.**

맞다. 초반에는 방금 예로 든 것처럼 우리가 중요하다고 판단한 주제로 카테고리를 나누고 에디터가 하나의 주제를 맡아서 전문 기자처럼 이야기를 발전시켰다. 이때는 장충동에 사무실이 있었다. 망원동으로 사무실을 옮기고 나서 RC 체제로 전환되었다. RC는 '리얼 타임Real Time'과 '콘텍스트Context'의 앞글자를 딴 것으로 RC 체제에서는 시의성 있는 이슈를 선별하고, 그 이슈의 맥락을 짚어준다는 의도로 콘텐츠를 만들었다. 현장에 나가서 바로바로 영상을 찍었고, 대선 시즌에 걸쳐 있었던 시기라 선거, 투표 등과 관계된 콘텐츠도 만들었다. 세 번째 시대인 '프로젝트 피플Project People' 체제(이하 PP 체제)가 작년 말부터 올해까지 이어져오고 있다. 미성년자 성매수 고발 프로젝트인 〈Here I am〉, 성매매의 현장이 된 마사지 시술업소 고발 프로젝트인 〈타이 마사지〉 같은 시리즈물을 만들었다.

각 시기별 특징은 무엇이고 왜 이렇게 변화하게 됐나?

'우리 조직이 무엇을 원하지', '우리가 원하는 변화가 실제로 일어나려면 우리가 어떻게 콘텐츠를 만들어야 하지'라는 질문을 하면서 변해왔다.

카테고리 에디터 체제에서는 저마다의 카테고리가 각각의 브랜드가 될 수 있을 것이라고 생각했다. 하지만 각각의 카테고리를 브랜드로 성장시키기에는 우리가 사람이 너무 없었다. 또 브랜드 메이커이자 기자의 역할을 함께 수행하기에 각각의 에디터가 충분히 성장한 상태가 아니었기 때문에 이 체제에서는 실패가 많았다.

RC 체제는 시의성 있는 이슈를 놓치지 말고 이야기의 맥락을 짚어주자는 의도로 만들어지게 되었는데, 시의성 있는 문제를 다루고 나면 '그래서 닷페이스의 입장은?'이라는 질문이 우리 안에 계속 남았다. 우리가 사회의 변화를 위해 할 수 있는 행동이 무엇일지 생각해도 만족스러운 답이 나오지 않았다. 우리가 제작한 콘텐츠에 반응하는 사람들이 늘어나서 회사는 점차 성장세를 보이는데 그저 이슈를 뒤

따라가는 식이 되니까 무력해졌다. 그래서 전환한 것이 지금의 PP 체제이다. 이 체제가 목표로 하는 것은 하나였다. '뽀개자!' 닷페이스가 생각할 때 지금 이 시점에 우리가 사회적 의제로 던지고 싶은 주제를 하나 정해서 캠페인까지 가든, 실제 행동까지 가든, 제대로 파헤치는 경험을 해보자는 것이었다. 우리가 기획한 오리지널 영상이 사람들에게 강렬하게 각인되고, 우리가 내보낸 메시지를 접한 사람들의 행동이 변화하는 것이 목표였다. 시의성과는 상관없는 주제여도 해보자고 했다.

시의성과 상관없는 주제여도 괜찮다고 했지만, 닷페이스가 언급하면, 시의성이 만들어지지 않았나. 〈Here I am〉 영상도 성인이 13세 이상 16세 미만인 아동·청소년을 간음하는 경우에 처벌을 강화한다는 내용을 새로 담은 아동청소년법 개정안에 대한 활발한 논의로까지 결국 이어졌다.

그렇다면 다행이다. 다만 내부적으로 프로젝트의 주제가 너무 무겁다는 의견이 있어서 조금씩 바뀌고 있다. 하지만 현재는 PP 체제가 닷페이스가 목적으로 하는 곳에 가장 가까이 갈 수 있는 콘텐츠 생산 체제라고 생각한다.

체제가 변할 때마다 조직 내부에서 어떻게 의사소통을 했나?

워크숍을 한다. 워크숍에서 체제 리뷰를 하고 이후에 어떻게 해나갈 것인지를 함께 결정한다. 지금 우리가 일하는 방식이 우리의 목적 달성을 위해 잘 맞는 방식인지 살핀다. 그 지점에서 워크숍에서 협의할 이야기를 가져온다. 우리가 공통으로 느끼는 불안한 지점에 대해 어떻게 해결책을 찾을 것인지 의견을 나누고 만들어진 것이 닷페이스의 세 가지 체제이다.

구조를 딱 잡아두고 그 시스템으로 변함없이 쭉 가는 것, 그것이 회사다운 멋이 아닐까 하는 생각도 한 적이 있지만, 닷페이스는 팀원들의 성장을 따라서 우리가 가야 할 방향은 이쪽이 맞겠다고 생각하면 그에 맞춰서 유연하게 계속 체제를 수정해왔다. 팀원들의 역량이 성장했거나 지향하는 바가 변화했는데 그에 상관없이 똑같은 콘텐츠를 생산하는 것이 과연 맞을까.

닷페이스는 어떤 조직 안에 개인이 모여 있다기보다는 개인들이 모여 전체를 이룬 조직 같았다. 그렇기 때문에 팀원 한 명 한 명이 중요하고, 그들의 성장이 곧 닷페이스의 성장이 되는 구조였다. 이 구조 안에서 팀원들은 조직 전체를 위한 하나의 기능으로 존재하지 않는다. 대신 개인의 욕구와 성장 속도가 조직에 그대로 반영되어 조직의 모양을 결정하는 존재로 자리한다. 일반적으로 회사라고 하면 콘크리트로 지어진 네모난 건물을 떠올리게 되는데, 닷페이스는 다양한 색깔과 질감의 찰흙으로 빚어진 사람의 모습처럼 느껴졌다. 이 점은 밀레니얼 세대를 신규 인력으로 채용하여 함께 일해야 하는 조직들에 시사하는 바가 크다. 닷페이스 팀원들은 구체적으로 조직 안에서 어떻게 성장하고, 자기 것을 만들어 나갈까. 닷페이스의 조직문화가 궁금했다.

성장을 원하는 개인주의자들의 공동체

•

지금은 몇 명이 함께 일하고 있나?

나를 포함해 열 명이 함께 일한다. 필름 메이커 한 명, 개발자 한 명, 디자이너 한 명, 그리고 나머지는 피디들이다. 피디들도 각각 역할이 조금씩 다르다. 콘텐츠를 제작하면서 유튜브 채널을 관리하거나, 전체 콘텐츠를 리뷰하고 동시에 경영지원도 하는 식이다.

비트니스를 함께 했던 동료들 외에 새로 만난 동료들이 있지 않나. 그들은 어떻게 만났나?

사실 눈덩이 굴리듯이 조금씩 불어나서 지금의 규모가 됐다. 넥스트 저널리즘 스쿨에서 만난 사람도 있고, 예전에 프로젝트를 할 때 잠시 스쳤던 인연으로 다시 만난 사람도 있다. 공통적으로 다들 자기 콘텐츠를 만드는 사람들이었다.

누군가를 만났을 때 닷페이스 팀원이 됐으면 좋겠다는 생각이 든다면 어떤 부분 때문인가?

하고 싶은 것이 있으면 바로 시도해보고, 배우는 것을 좋아하는 사람들에게 끌린다. 자기 내면의 욕망을 충분히 인지하면서 하고 싶은 것을 하는 사람들. 이런 사람들은 몸으로 부딪히며 스스로 배우고 깨달아가는 사람들이기 때문에 기술은 물론이고 통찰 같은 것이 있다.

그런 사람들을 어떻게 자신의 팀으로 만드나? 그들의 마음을 사로잡는 노하우 같은 것이 있나?

"닷페이스에서는 이런 걸 하려고 하니 같이 합시다"라고 제안하지 않고, 무엇을 하고 싶은지 먼저 물었다. 그래서인지 팀원들에 대해서 '이 사람은 이걸 잘하니까 합류했지'라는 생각보다는 '이 사람은 유명해지고 싶구나', '이 사람은 폭력 문제에 대해 다루고 싶구나'처럼 팀원 각자의 욕구가 더 기억난다. 그렇게 팀원들의 지향을 시간을 두고 오래 경청했다. 그러다 보니 어느 순간 "닷페이스에서 이걸 하려고 하는데 같이 합시다"라고 제안도 할 수 있었다.

그 대화의 과정이 '이 대표와 같이 일해도 되겠다'라는 안전한 마음을 팀원들에게 줬을 것 같다. 닷페이스에 합류한 후에도 이런 팀원들의 욕망을 계속 확인하나?

그렇다. 워크숍에서 각자의 상태를 돌아보고, 약점과 강점, 앞으로 더 발전시키고 싶은 부분을 서로에게 설명하는 시간을 갖는다. 같은 공간에서 함께 일하고 있어도 그 사람이 수행해내는 일만으로는 이 사람을 일하게 하는 동력이 무엇인지 알 수 없다. 우리는 한 명 한 명이 무척 중요한 조직이기 때문에 개인의 성장에 민감하게 반응해야 한다. 우리는 밀레니얼 세대들이 주축이 된 다른 미디어 스타트업보다 개인주의 성향이 훨씬 강하다. 성장을 원하는 개인주의자들의 공동체라고 보면 된다. 개인이 하고 싶은 것을 조직 안에서 실현하고, 그 사람이 끝까지 책임지고 실행하는 과정에서 서로가 도움을 주며 프로젝트를 끌어간다. 자신의 약점과 강점을 팀원들끼리 공유하도록 하는 이유는 자신의 강점이 뭔지 알고 더 키우도록 하기 위한 까닭도 있지만 '못하는 건 못해도 돼'라는 메시지를 주고 싶은 바람도 있다. 잘하는 것을 제대로 하면 된다.

그렇게 했을 때 업무에서의 효과가 어떻게 나타나나?

일의 주도성이 높아진다. 다른 사람이 해야 할 일을 결정해주는 것이 아니라 본인이 성장하고 싶은 부분을 스스로 정리하고, 그것을 다음 분기에 자신의 직무로 만들고 싶다고 선언하는 구조이니까. 나는 팀원들이 하고 싶어 하는 역할이 겹치지 않게 조정하고 도와주면 된다. 팀원 각자가 자신이 하고 싶다고 선언한 프로젝트의 제작을 주도하고 책임지기 때문에, 그리고 자신의 업무가 자신이 성취하고 싶은 부분과 맞물려 있기 때문에 오히려 제대로 성과가 나타난다.

회사가 최적의 결과를 내기 위해 일하는 곳이라고 할 때, 닷페이스의 업무 구조는 회사의 존재 목적을 제대로 달성하고 있다. 나아가서 조직의 성장뿐만 아니라 팀원들 개개인의 행보와 성취도 그 최적의 결과 안에 함께 포함된다는 생각이 든다.

부서를 정해놓고 뺑뺑이를 돌리거나 인·적성 검사를 해서

각 부서에 배치하는 식의 관리는 이제 사실상 실패할 수밖에 없는 조직관리라는 생각이 든다. 내가 그 속에 있으면 부품 혹은 하나의 기능으로만 느껴질 것 같다. 그런 것을 지양하는 조직이고 싶다.

닷페이스가 첫 직장인 사람의 비중이 높지 않나?

그렇다. 나 역시 대표는 처음이다. (웃음)

조직문화를 새롭게 만들어가는 중인데, 처음 경험하는 문제를 마주했을 때 어떻게 돌파하나?

스터디 하고 서로 가르쳐주면서 해결해나간다. 우리가 '닷페이스 에너지 트레이닝 시스템', 줄여서 '펫츠FETS' 라는 것을 한다. 일종의 학습 품앗이 같은 것이다. 조명 설치 하는 법, 이메일 쓰는 법, 제안서 쓰는 법처럼 내가 공부할 수 있는 영역을 배워서 팀원들과 공유하는 시스템이다. 광고 제안서 하나를 쓸 때도 외부의 제안서 양식을 여러 개 가져와서 스터디 하고 분석해서 우리만의 양식을 만든다. 사수가 없고 먼저 경험한 사람이 없지만 가르쳐줄 서로가 있으니 다행이다.

닷페이스가 만들었던 콘텐츠 중 가장 화제가 됐던 것은 무엇인가?

다양한 콘텐츠가 화제가 됐다. 부정적인 방향으로 화제가 된 것도 있고, 좋은 방향으로 해외에서까지 화제가 된 것도 있다. 법인을 만들기 전인 2015년 여름, 서울에서 열린 퀴어 페스티벌에서 성 소수자를 자녀로 둔 어머니들이 페스티벌에 온 사람들을 안아주는 모습을 영상에 담은 적이 있다. 그 영상이 500만 뷰 정도 조회됐다. 닷페이스를 알린 영상이기도 하다. 그전까지 성 소수자 문제에 있어서 기존 미디어가 다루는 프레임은 극렬한 찬성과 반대의 입장을 병렬적으로 보여주는 것이 대부분이었다.

크게 화제가 되지 않았어도 닷페이스 팀이 특별히 애착을 갖는 영상이 있나?

2017년 초엔가 에디터들끼리 '닷페이스스럽다'고 생각하는 영상을 조사한 적이 있다. 그때 최고의 영상으로 꼽힌 것이 〈보이지 않아도〉라는 영상이었다. 시각장애가 있는 분과 그 분을 보조해 박근혜 대통령 탄핵 촛불 집회에 함께 참여하신 분을 인터뷰한 영상이다. 그 두 분이 여러 감각으로 경험하는 집회 현장을 잔잔하게 포착한 영상이었다. 집회라면 당연하게 등장하는 강한 메시지의 플래카드보다 사람들의 표정이 많이 보이는 영상이었는데, 이런 것이 닷페이스다운 것 중 하나라고 생각한다.

닷페이스는 이야기를 담는 영상 미디어이지 않나. 같은 포맷으로 이야기를 다루는 다른 채널에 대한 생각은 어떠한가?

요즘은 TV의 개념이 달라진 것 같다. 예전엔 TV라고 하면 으레 지상파 방송국만 생각했다면, 요즘엔 지상파 방송국, 유튜브, 넷플릭스, 왓챠플레이 등으로 나뉜다. 플랫폼 하나하나가 각각의 채널이 될 것이라고 생각한다. 그래서 기존의 시장을 지배하던 사업자(지상파 방송국)가 못 가져가는 10~15분짜리 영상 시장이 존재한다. 이 시장에서 우리가 유리할 수 있을 것이다. 단순히 뷰 수만 많은 것이 아니라 특정 시청자들이 정말로 필요로 하고 원하고 만족하는 콘텐츠를 만드는 것이 더 중요하다고 생각한다. 그래야 시청자들과 긴밀히 소통할 수 있고, 팬도 생긴다. 고유한 콘텐츠를 만드는 조직 또는 사람이어야 살아남을 수 있다.

〈Here I am〉과 〈타이 마사지〉, 최근 〈유럽 낙태 여행〉까지 2017년 말부터 자주 다룬 주제가 여성 문제이다. 이 프로젝트

들은 어떤 과정으로 준비하게 된 것인가?

〈타이 마사지〉는 내부 발제를 통해 주제를 잡아 진행했고, 〈Here I am〉은 십대여성인권센터의 제안을 통해 우리에게 과제처럼 주어졌던 주제이다. 내부에서 타이 마사지를 주제로 영상을 제작하고자 했을 때에는 이것은 이주민의 문제이고, 폭력의 문제이고, 여성의 문제라고 생각하며 다뤘다. 그런데 영상을 올리고 나서 댓글 등 반응을 살펴보니 '닷페이스가 또 여성 문제를 다뤘구나' 하더라. 우리가 여성 문제를 의지를 가지고 의도적으로 다루는 경향도 있지만, 처음부터 그렇게 접근하지 않은 경우에도 그 종착점에 '여성'이 있는 경우가 많다. 사회 구조 속에서 여성과 아이들이 많은 경우 약자의 위치에 놓인다. 그런 구조적인 문제 때문에 우리는 남녀 모두가 피해자가 될 수 있는 폭력에 대한 이야기를 다루는데 그것이 여성의 문제로 환원된다. 이주민에 대한 폭력을 문제로 다루려고 했을 때에도 그 폭력의 근원에는 여성의 문제가 존재했다.

여성들의 목소리가 막 터져 나오고 있는 요즘, 그 목소리를 가장 잘 담아내는 미디어 중 하나라는 생각도 든다.

초기에는 다른 곳에서 많이 다루지 않는 주제이기 때문에 페미니즘 이슈를 많이 다룬 이유도 있다. 지금 밀레니얼 세대가 무엇에 가장 주목하고 있느냐고 물었을 때 우리에게 가장 와 닿았던 사실은 밀레니얼 여성들이 자신의 목소리를 적극적으로 내고 있다는 사실이었다. 지금까지도 꾸준히 여성들이 자신의 목소리를 내왔지만, 요즘은 그 양상과 규모가 전례 없이 다르다. 이런 흐름도 반영된 결과 아닐까.

나는 오늘도 진화한다

•

미디어를 통해 끊임없이 밀레니얼 세대의 이야기를 해온 조소담 대표는 저출산고령사회위원회의 민간위원으로도 활동 중이다. 국가가 저출산 현상과 고령사회로의 전환에 대한 대책을 논의하기 위해 만든 위원회에서 조소담 대표는 최연소 위원이자 유일한 20대이다. 그는 그 자리에서 우리 세대, 그 중에서도 여성들이 겪고 있는 문제를 자기만의 시선으로 이야기하며 저출산, 고령사회에 대한 새로운 논의를 이끌어가고 있다.

저출산고령사회위원회의 민간위원으로 활동하고 있다. 최연소

위원이라는 관심 속에 진행된 〈중앙일보〉와의 인터뷰에서 출산보다 낙태할 권리가 필요하다고 이야기했다. 이에 대한 위원회의 반응은 어땠나?

그런 인터뷰를 하는 것이 도움이 된다는 생각을 위원회 측에서도 한 것 같다. 위원회가 젊어졌다는 것을 보여주기 위해 내가 영입이 된 측면도 있는데 인터뷰를 통해 그런 변화가 드러나는 것이 나쁘지 않았던 것 같다. 〈중앙일보〉와 진행한 인터뷰가 네이버 메인에도 뜬 덕분에 사람들이 많이 보았더라. 댓글 반응들 중 합리적인 반응이 많아서 신기했다. '낙태할 권리'라는 것이 사실 논란이 될 수도 있는 말 아닌가. 그럼에도 불구하고 나를 욕하거나 심하게 질책하는 댓글은 많지 않았고, 오히려 '애를 안 낳으면 나라가 망하는 것인가'라고 묻거나, '여성의 선택지가 출산을 해야 한다는 것 하나라는 사실이 문제'라며 나의 생각에 공감을 표하는 의견들이 많았다.

저출산고령사회위원회 첫 모임에서 '아이와 1시간 더 함께 할 수 있는 사회'라는 문구를 '고양이와 1시간 더 함께 할 수 있는 사회'라고 바꿔 읽으며 문구의 의미를 이해했다는 부분도 인상적이었다. 출산이 인생의 기본 값이 아니라 선택의 문제라는 감

각은 우리 세대에겐 당연한 이야기인데 그것을 대변할 수 있는 사람이 그 위원회에 단 한 명이라는 것이 다행이기도 하지만, 한편으로는 의아하기도 하다.

미스핏츠 활동을 하던 시절, 일본에 가서 〈청춘의 집〉이라는 프로젝트를 진행하고 《청년, 난민 되다》라는 책을 썼다. 타이베이, 홍콩, 도쿄 그리고 서울에서 어렵게 방을 구해 살아가는 청년들의 이야기를 담은 책으로 우리 세대의 주거 문제를 다루었다. 주거의 개념을 부동산으로서의 의미가 아니라, 그 안에서 살아가는 사람들의 삶 전체를 포함한 개념으로 해석하고 싶어서 동시대 동아시아 청년들을 만났다. 우리 말고 다른 나라의 밀레니얼 세대들은 어떻게 삶을 살아나가고 있는지 궁금하기도 했고. 당시 나는 일본팀이어서 일본에 갔는데 주거 문제는 청년의 삶하고만 연결된 것이 아니라 고령사회, 저출산 문제가 모두 연결된 사안이었다. 지방에 일자리가 없어지니 도시로 젊은이들이 몰리고 가난한 도시 청년들의 집은 관처럼 작아지고. 히키코모리증가 문제 역시 젊은 세대의 문제인 부분이 크지만, 히키코모리가 아니어도 방에서 혼자 고독사 하는 노인들이 늘어나고 있는 현상도 목격했다. 그리고 이런 경향이 점점 가속화될 것이라고 생각했다. 이런 경험이 저출산고령사회위원회의 위원을 해야겠다고 결심하는 데에 영향을 미쳤다.

조직에 속하는 대신 하고 싶은 일을 찾아 무작정 실행하다가 한 조직을 이끄는 데까지 이른 조소담 대표. 조직의 리더로서 역할을 해나가는 데 있어 여러 가지 고민이 있을 것 같았다. 그 고민은 조소담 대표만의 고민이 아니라 전에 없던 판을 만들고 그 판을 이끌어가게 될 지금의 20대들이 마주할 고민과 맥락이 닿아 있을 것이다. 사회와 개인이 함께 가난해져가는 시대에 지속가능성을 생각하고, 하고 싶은 일을 계속 이어간다는 것의 의미는 무엇일까. 지속가능한 판을 만들기 위해 리더는 어떤 고민과 선택을 해야 할까.

사회생활을 시작함과 동시에 조직을 이끄는 리더가 됐다. 20대 대표로서 여러 고민이 있을 것 같은데 그중 가장 염려되는 것은 무엇인가?

실패할까 봐 가장 무섭다. (웃음) 누군가는 "실패도 다 좋은 경험이지"라고 말하지만 과연 그럴까. 미스핏츠를 할 때는 당연하다고 여긴 말이었다. '우리의 실패는 우리의 자양분이 될 거야'라고. 그러나 이제는 그렇게 생각 안 한다. 실패하면 그냥 흩어지고 사라져버리는 것 같다. 한 획을 제대로 긋지 않으면 흐지부지될까 봐 무섭기도 하고. 내 인생에서 가장 커다란 욕망을 쏟아부어 이 회사를 만들었는데, 이 회사가 스러져서 나의 가장 큰 욕망이 사라진다면 그 다음에 다른 욕망을 가지고 다시 시작할 수 있을까 싶기도 하다. 자조한다거나 상황을 비관적으로만 보는 건 아니다. 좋은 영상을 제작해 사회에 던지고 싶은 메시지를 제대로 발신하는 것과 그것이 수익으로 연결되어 계속 생존해나가도록 만드는 것은 다른 일이다. 그 사이에서 고민하게 된다.

그 고민을 어떻게 풀어갈 계획인가?

해보고 싶었던 것들을 시도하는 것을 넘어서서 우리가 성공시켰던 이야기들을 더 크게 확장해나가고 싶다. 사람들로부터 좋은 반응을 얻고, 사회적으로도 의미 있는 결과를 이끌어낸 닷페이스의 시리즈들이 있지 않나. 그런 것들을 더 크게 확산시키고 닷페이스를 더 많은 이들에게 알리고 싶다. 선한 영향력을 만들어가면서 그에 걸맞은 방법으로 좋은 회사로 성장할 수 있기를 바라고 있다.

개인 조소담의 다음 스텝 역시 이것과 같이 가나?

나는 멀리 보면서 살지 않는다. 항상 그랬던 것 같다. 가장 멀리 봤을 때가 재수할 때였다. 수능까지 계획을 세워야 했으니까. (웃음) 그래서 나 개인의 다음 스텝은 잘 모르겠다. 닷페이스와 함께 또 어딘가로 발을 디딜 수 있지 않을까. 동료들을 보면서 자극받고 성장할 테고.

동료들이 대표를 성장시키고 있다는 것을 느끼나?

그렇다. 닷페이스 초창기 때 일인데, 한 번은 필름 메이커 인규 님이 자신의 롤모델을 이야기하면서 그 사람 빰을 칠 것이라고 했다. 그 사람을 뛰어넘겠다는 거지. 그런데 2년 뒤에 보니 진짜 빰 치고도 남을 실력으로 성장한 것이다. 대단하다고 추켜올리니 "저는 그럴 줄 알았다니까요, 처음부터" 하며 받아치는데 허세 부리고 장난치는 말이 아니었다. '나는 진짜 그렇게 되고 싶었고, 그래서 이렇게 된 거야'의 느낌이었다. 그 모습을 보면서 '그렇다면 나는?' 하고 생각했다. 지금까지는 주어진 것만 고민하고 선택하면서 여기까지 왔는데 이제는 성장하는 리더가 되고 싶다. 닷페이스의 피디들은 자기 자신을 어떻게 개발해야겠다고 목적지를 설정하고 일을 해오지 않았나. 나는 지금까지 리더로서 내 역할이나 전문성을 적극적으로 인식하면서 이것이 발전하고 있다는 기쁨을 느끼진 못했던 것 같다. 버겁게 느끼거나 새롭게

> 느끼거나 둘 중 하나였다. 선배나 사수가 없어 가끔 막막하게 느껴지지만 대신 내겐 스스로 발전하면서 나를 끌어주는 동료들이 있다. 운이 좋은 리더라고 생각한다.

밀레니얼 세대의 이야기가 앞으로의 새로운 상식이 된다면 이들이 만들어 나가는 조직 역시 앞으로의 새로운 상식이 될 것이다. 10년 뒤의 사회가 보편적으로 여길 조직의 모습 중 하나를 닷페이스는 지금 여기에서 만들어가는 중이다. 닷페이스는 다시 한 번, 생존을 하기 위해 하고 싶지 않은 일들을 하는 선택 대신 단순해지기를 선택했다. 한 번 그려본 동심원을 더 크게, 더 성공적으로 그리며 닷페이스를 알리고 생존할 예정이다. 이 원이 얼마나 더 그려질지 우리는 알 수 없다. 하지만 그 원이 지나간 자리마다 우리가 마주해야 할 새로운 상식들이 떠오를 것을 안다. 이를 위한 질문을 던지며 닷페이스는 오늘도 자신들이 가고 싶은 곳으로 한 발 더 내딛는다.

○

세계 최고의 팀과 함께
모두를 위한 교육 애플리케이션을 만들다

08

○

이수인

에누마 대표

Social
Innovators
Table

이수인

○

디지털 기반 교육 스타트업 에누마 대표

엔씨소프트에서 게임 디자이너로 일했다. 게임업계에서 즐거운 성취를 만끽하며 일하던 중 첫아이가 장애를 가지고 태어났다는 진단을 받았다. 자신의 아이처럼 기존의 교육 방식으로는 학습이 어려운 아이들이 쉽고 재미있게 공부할 수 있는 교육 프로그램을 만들고 싶었다. 2012년 실리콘밸리에서 남편과 함께 교육 스타트업 '에누마'를 창업했다. 2014년 6월 장애 아동을 위해 만든 수학 교육 애플리케이션 '토도수학Todo Math'이 미국, 중국 등 세계 20개국 애플 앱스토어 교육 부문 1위, 누적 다운로드 수 600만을 돌파하며 주목받는다. 디지털을 통해 교육의 불평등을 해소하고 있는 공로를 인정받아 2017년 사회혁신 기업가들에게 수여하는 아쇼카 펠로우에 선정됐다. 계급, 지역, 장애 등으로 교육의 사각지대에 놓인 사람들을 위한 더 많은 교육 프로그램을 구상 중이다.

○

여성들은 오늘도 기울어진 운동장 위를 달린다. 남성 중심 조직의 견고한 유리천장을 깨고 자신의 길을 개척하는 여성들이 존재하지만, 우리나라 100대 대기업의 여성 임원 비율은 2018년 들어 3퍼센트를 겨우 넘었다. 성별 임금 격차는 어떠한가. OECD 조사에 따르면 한국은 14년째 성별 임금 격차 부문에서 압도적인 1위를 기록 중이다. 채용 과정에서도 차별이 존재한다. 지난 6월에는 여성이라는 이유만으로 채용에 불리한 조건을 적용한 하나은행과 국민은행이 남녀고용평등법 위반으로 재판에 넘겨지기도 했다.

자신의 회사를 창업하는 데에 있어서도 여성들은 기울어진 운동장에서의 달리기를 계속 해야 한다. 벤처투자사 SOP가 쓴 보고서인 〈젠더안경을 쓰고 본 기울어진 투자 운동장〉(2018)에 따르면, 한국의 여성 창업가의 비율은 절반에 못 미치는 37퍼센트이다. 여기에서 생계형 개인 사업자를 제외하면 그 비율은 8.5퍼센트로 떨어진다. 여성 창업가의 외부 투자 유치율은 전체 투자의 11퍼센트에 불과하고, 금액 면에서는 전체 투자금액의 4퍼센트를 차지한다. 투자를 결정하는 심사역도 여성 심사역의 비중은 7퍼센트에 불과하다. 이것은 여성 창업가들이 외부 투자 유치 과정에서 여성에 대한 편견에 쉽게, 자주 노출될 수밖에 없는 구조적 원인을 부분적으로 설명한다.

이렇게 명백히 기울어진 운동장에서 누적 투자액 100억 원을 달성하며 자신의 사업을 해나가는 여성 기업가가 있다. 어린이들을 대상으로 한 교육용 애플리케이션을 만드는 에누마의 이수인 대표이다. 그는 토도수학과 킷킷스쿨이라는 애플리케이션으로 신체적, 정신적, 사회적 핸디캡이 있는 아이들뿐만 아니라 모든 아이들이 재미있게 자신만의 속도로 공부를 해나갈 수 있는 환경을 만들어가는 중이다. 그가 운영하고 있는 일터에 대한 이야기, 그리고 대표로서의 삶을 기록하는 것은 그것만으로도 기울어진 운동장을 달리고 있는 여성들에게 큰 영감을 줄 수 있을 것이란 생각이 들었다.

에누마의 본사는 미국 실리콘밸리에 있다. 미국과 한국을 오가며 일하고 있는 그를 에누마의 한국 지사가 있는 성수동 헤이그라운드에서 만났다.

실리콘밸리에서 에누마를 창업하기 전, 한국에서 어떤 일을 했나?

나는 젊은 시절에 나를 두 번 정의했다. 처음에는 '그림장이'

였다. 미대를 나와서 일러스트레이터로 일했던 시절이 있었다. 게임 디자이너로 전직한 후에는 스스로를 '게임장이'라고 불렀다. 게임 회사에서 10년을 일하면서 처음에는 게임 디자이너로, 나중에는 기획 조정실에서 일했다. 그사이 잡지에 게임 관련 칼럼을 쓰기도 했고 웹툰을 그리기도 했다.

어떤 웹툰을 그렸나? 지금도 볼 수 있나?

게임 잡지 〈게이머즈〉에 '게임 회사 이야기'라는 제목의 네 컷 만화를 연재했다. 웹툰이 정식으로 서비스가 되기 전 세대의 일이다. 게임 회사에서의 시시콜콜한 일상사를 담은 내용으로 당시에 꽤 인기를 끌었고, 책으로도 출간해 베스트셀러에 오르기도 했다. 당시 여성 개발자가 희귀하던 시절이어서 좀 더 중성적으로 들리는 필명을 썼다.

미국에는 어떻게 가게 됐나?

2007년 같은 회사에서 게임 개발자로 일하던 남편이 캘리포니아의 버클리 대학으로 유학을 가게 됐다. 당시 나는 커리어가 끊기는 것을 매우 두렵게 생각했고 한창 열심히 일했던 터라 임신 기간에도 최대한 회사를 다녔다. 남편이 미국으로 간 뒤 거의 1년이 지나서야 남편이 있는 미국으로

갔다. 머지않아 회사에 복귀할 생각이었기 때문에 출산휴가 및 육아휴직을 신청하고 떠났지만, 아이가 몸이 좋지 않아서 계획한 대로 되지는 않았다.

엄마의 마음으로 시작한 교육 애플리케이션 개발

•

회사로 복귀하지 않는 대신 사업을 시작한 것인가?

아이가 예정보다 일찍 태어났다. 아이가 인큐베이터에 있을 때, 나중에 발달에 지장이 있거나 학습이 어려울 수 있다는 진단을 받았다. 신생아 집중치료실에 아이가 머무르는 동안 내가 할 수 있는 일이 아무것도 없어서 절망했다. 그런데 하루는 의사가 지나가다가 그런 나에게 무슨 일을 했냐고 묻더라. 게임을 만들었다고 대답하니 "멋지다! 여기 있는 아이들에겐 그런 기술이 진짜 필요한데" 하더라. 그 이야기를 듣고 우선은 매우 놀랐고, 뒤이어 장애가 있는 아이들을 위한 일을 해보고 싶다는 생각이 들었다. 그것이 계기가 되어, 당시 시장에 막 출시된 아이패드를 활용해 장애 아동의 학습을 돕는 제품의 가능성을 연구하는 프로젝트를 진행할 기회를 얻었다.

해당 프로젝트는 초기 앱스토어 시장에서 의미 있는 특수교육 제품을 선보이고 2012년에 종료됐다. 이때 선보인 제품들을 보고 실리콘밸리의 유명한 벤처투자사인 K9벤처스의 마누 쿠마르 대표가 그에게 연락을 해왔다. 이수인 대표의 프로젝트를 눈여겨본 그는 이수인 대표에게 창업을 권유했고 K9벤처스의 투자를 바탕으로 에누마를 시작했다.

에누마의 원래 이름은 '로코모티브랩스'였다고 알고 있다.

그렇다. 2012년 회사를 설립할 당시에는 로코모티브랩스였다. 에누마로 이름을 바꾼 것은 2015년이다. '로코모티브Locomotive'는 우리 아이가 좋아하던 장난감인 '기관차'라는 뜻이기도 하고, '로코Loco'는 스페인어로 '미쳤다'는 의미도 있다. 초창기 멤버들 중 장애가 있는 아이를 키우는 부모들도 몇몇 있었다. 그 때문에 장애가 있는 아이들을 위해 정말 좋은 콘텐츠를 만들겠다는 열정을 회사 이름에도 표현하고 싶었다. '아무도 막을 수 없는 우리의 열정', '우리가 이 일을 하는 동기에 대한 집착'을 이름에 담고 싶었달까. 그런데 회사가 커져가면서 우리가 이 회사를 통해 표현하고 싶은 바가 바뀌었다. 열정을 표현하기보다는 우리가 만들고 싶은 세상에 대한 이야기로 그 중심이 옮겨갔다. 또 사명이 긴 편이어서 간단하게 줄일 필요도 있었다. 에누마는 '하나하나 이름을 불러 센다'는 의미의 영단어 '에누머레이트Enumerate'에서 따온 이름이다. 누구든지 조건과 배경에 관계없이 배움의 기회를 얻을 수 있었으면 하는 바람이 담겼다.

초창기 회사의 팀원들 중에 장애가 있는 아이를 키우는 사람들도 있다고 하지 않았나. 이들은 어떻게 만나게 된 것인가?

장애 아동을 위한 학습 애플리케이션 프로젝트 디자인을 시작할 무렵, 다양한 재능들이 필요해서 지역 게시판에 광고를 냈다. '음성 인식 애플리케이션 제작을 위해 목소리 녹음을 도와줄 아이를 찾습니다'라는 내용의 광고를 붙였던 거다. 이것을 보고 어떤 엄마가 아이 둘을 데리고 왔는데 그 중 한 명이 독특한 장애가 있는 아이였다. 그 엄마는 통계학자이자 전직 수학 교사로, 전업주부이던 상태였는데 그것이 인연이 되어서 우리 회사에 합류했다. 이런 경우도 있었다. 웹사이트에 들어갈 제품 소개 글을 영문으로 써야 해서 그 글을 작문해줄 작가를 찾는 공고를 지역 게시판에 올렸다. 그것을 보고 이력서를 보낸 사람이 있었는데, 이력서를 살펴보니 교육학 석사를 받은 사람으로 이전에 10년 이상 스타트업에서 마케터로 일했던 경력이 있었다. 어떤 사람인지 더 알고 싶어서 만나자고 했고, 그 자리에서 내가 만들고 있는 프로그램을 보여줬다. 그랬더니 이 사람이 내 손을 잡고 이렇게 말하더라. "내가 너에게 미리 말을 하진 않았는데, 나에겐 다섯 살 된 장애를 가진 딸이 있어. 나는 지금 네가 무슨 말을 하는지, 무얼 하려는지 다 이해해." 이렇게 기적 같은 인연으로 만나서 프로젝트를 함께 진행했고, 정식으로 회사를 차렸을 때에도 함께했다.

시작을 몇 명이서 했나?

시작을 딱 잘라 몇 명이 했다고 말하기에는 애매한 부분이 있다. 함께할 사람들을 갖춘 뒤에 사업을 시작했다기보다는 그때그때 필요한 사람을 닥치는 대로 찾았다. 원격으로 오래 같이 일한 사람도 있고, 파트타임으로 일한 사람도 있고, 회사를 옮기는 사이에 에누마에서 몇 달만 일해준 사람도 있다. 에누마를 시작할 무렵, 우리 회사의 첫 번째 정식 직원은 남편이었다. 이후에도 한참 동안은 우리 둘을 제외하고 대부분의 직원들은 파트타임으로 일하거나 계약직 컨설턴트로 일했다.

무엇인가 하고 싶은 일이 생겼을 때 같이 할 사람을 찾는 일이 쉽지는 않다. 누구와 함께해야 할지 고민도 되고, 무엇을 어떻게 할지 완벽하게 정리해서 시작해야 할 것 같고. 그냥 지역 게시판에 공고를 올렸다고 했는데 무엇이든 마음먹으면 일단 어떻게든 시작해보는 것이 인상적이다.

사람마다 어려움을 해결하는 방식이 다르다. 나는 나만의 방식으로 해나간 것이고. 아이가 몸이 좋지 않아서 어릴 때부터 언어 치료사나 놀이 치료사 같은 분들이 우리 집을 방문했다. 그때마다 만나는 모든 사람한테 능숙하지 않은 영어로 "나는 새로 나온 아이패드에서 활용할 수 있는, 장애가 있는 아이들을 위한 애플리케이션을 만들고 싶다"고 공공연하게 이야기했다. 나에게 영어를 가르쳐주었던 선생님, 우리 집에 아이를 돌보러 왔던 치료사들이 그런 내 이야기를 듣고 같이 일을 시작해주고 도움을 줬다. 옛 직장에서 만났던 많은 사람들이 프로젝트가 성공하도록, 더 좋은 제품이 나오도록 도와주었다. 만약에 내가 한국에 있었더라면 꾸준히 함께 일할 사람을 찾았을 것이다. 그게 가능한 조건이었을 테니까. 그런데 당시 내게 주어진 환경은 그렇지 못했기 때문에 그 환경에 알맞은 방식으로 일한 것이다. 장애가 있는 아이를 위해 당장 뭐라도 만들고 싶은데 그 일을 함께할 사람으로 이 사람이 좋을지 저 사람이 좋을지 이리저리 잴 여유가 없었다. 당시엔 '먼저 오는 사람과 일한다'가 내 모토였다.

일단 먼저 오는 사람과 일해보니 어땠나?

일을 함께 하며 무엇보다 그 사람을 함부로 판단하지 않으려고 했다. 먼저 신뢰했다. 한국에서 회사 생활을 할 때에는 세상에 그렇게까지 오픈 마인드를 갖고 있지 않았다. 하지만 우여곡절을 겪으며 열린 태도를 갖게 만든 마법 같은 시기가 내게 찾아왔던 것이다. 이제는 이런 열린 태도가 내 삶의 만트라가 됐다. '좋은 사람을 만나겠지', '다 잘 되겠지'. 함께 일하는 직원들도 회사 일이 잘 안 풀리면 '기다리다 보면 되겠지' 한다.

에누마는 2014년 6월, 수학 학습 애플리케이션 토도수학을 출시한다. 에누마가 수학에 집중한 이유는 미국에서 수학 학습영역이 중요해지고 있어서 좋은 사업 기회로 보았기 때문이고, 초등학교 수학은 게임 기술과 접목하기에 좋은 과목이라는 것도 이유였다. '토도Todo'는 스페인어로 '모든'이라는 뜻으로 모든 아이들이 즐겁게 수학을 배울 수 있기를 바라는 마음이 담긴, 에누마의 첫 번째 결과물이다.

토도수학은 서비스 1년 만에 150만 건의 다운로드를 기록했고 미국, 중국 등 20개국의 애플 앱스토어 교육 부문에서 1위를 차지했다. 미국 내 초등학교 1천 3백여 곳에서는 토도수학을 학습 도구로 활용 중이다. 애플은 22개국의 자사 매장 전시 제품에 토도수학을 기본 애플리케이션으로 깔았다.

사용자 모두가 자신의 속도를 존중받을 수 있다면

•

한국에서 수학은 대표적인 기피 과목이다. 오죽하면 '수포자수학포기자**'라는 말을 공공연하게 쓰지 않나. 수학을 재미있게 공부하는 방법은 무엇일까?**

내가 바로 그 수포자였다. (웃음) 그래서 그 마음을 잘 안다. 못 푸니까 싫어지고, 또 싫으니까 멀리하게 되어 결국 수학을 포기하게 되는 악순환을 끊어야 한다. 여기서 중요한 것은 '정답을 맞히는 경험'을 할 수 있게 해주는 것이다. 토도수학은 유치원부터 초등학교 2학년 수준의 커리큘럼을 담고 있다. 누구나 자기 단계의 학습을 즐겁게 할 수 있도록,

그리고 계속 자기 레벨을 끌어올릴 수 있도록 설계됐다. 손으로 숫자를 쓰고, 수의 개념을 배우고, 수식을 재미있는 방식으로 풀어나가며 수학을 익히는데, 레벨이 올라갈 때마다 즉각적이고 강력한 피드백을 줘서 아이들이 재미를 느끼게 한다.

어느 지점에서 아이들이 재미를 느끼는지를 잘 안다는 것은 결국 인간을 더 깊이 이해해야만 가능한 일이 아닌가. 한 인터뷰에서 "우리의 UX User Experience, 사용자 경험**, UI**User Interface, 사용자 인터페이스**는 세계 최고다"라고 말하는 것을 본 적이 있다. 이런 자신감을 가질 만한, 인간에 대한 더 깊은 이해에 도달하는 에누마만의 방법이 있나?**

일반적으로 교육용 애플리케이션을 만들 때 벌어지는 가장 큰 실수가, 똑똑하고 논리를 잘 이해하는 사람이 아니면 사용을 하다가 막혀버리는 UI를 만드는 것이라고 생각한다. 그리고 그런 사람이 아니면 실패를 경험하게 하는 UX를 만드는 것도 문제이다. 우리는 많은 사람들이 최대한 편안하게 사용할 수 있도록 UX·UI를 설계하고자 한다. 학습장애가 있든 청각장애가 있든 아니면 발달장애가 있든 간에 편안하게 아이가 원하는 결과를 이뤄주는 UX·UI를 목표로 한다. 그래서 에누마의 교육용 애플리케이션은 프로그램을 설계할 때 기존의 것들과 접근 방식이 다르다. 이를테면 '1+1=2를 맞혔어. 그러면 우리는 무엇을 보상으로 주지?' 하는 것이 일반적으로 애플리케이션을 설계할 때 던지는 핵심 질문이라면, 우리는 '1+1=2라는 것을 몰라서 틀렸어. 그러면 우리는 어떻게 해야 할까?'를 핵심 질문으로 삼는다. 의외로 이 부분을 많은 사람들이 간과한다. 문제를 못 풀 수도 있다는 것. 그리고 아주 많은 아이들이 그럴 수 있다는 것을 말이다. 에누마는 이렇게 학습을 어려워하는 아이들의 상황을 이해하기 위해서 계속 노력한다. 에누마에서 제작한 제품들의 UX·UI가 좋을 수밖에 없는 이유이다.

왜 세계 최고인지 이해가 간다. 근본적으로 다른 질문을 던지는 회사는 결국 만들어내는 것도 다르지 않겠나?

내가 에누마에서 만든 교육용 애플리케이션이 세계 최고라고 자부하는 것은 정말 세계 최고이기 때문이다. 애플은 시중에 출시된 애플리케이션들 중에서 자기들이 가장 괜찮다고 판단한 제품만 자사 매장 제품에 깐다. 우리는 4년간 전 세계 애플 스토어에 진열된 아이폰과 아이패드에 우리 제품을 깔 수 있었다. 여기에서 '세계 최고'라는 수식은 우리

팀에 대한 이야기이다. 내가 세계 최고라는 말은 아니다. (웃음) 우리 팀이 훌륭하다는 걸 이렇게 자랑하는 것은 CEO로서 내가 해야 할 일이라고 생각한다. 그런 이야기를 들을 가치가 있는 사람들은 그 말을 들어야지.

문제가 틀려도 괜찮은 학습 애플리케이션. 지금까지의 교육 프로그램은 배우는 사람 저마다의 특성이나 속도를 생각하지 않고 모두가 같은 내용을 같은 시간 동안 익히게 하는 것이 일반적이었다. 하지만 에누마는 각기 다른 특징을 가진 사용자들을 위해 자사의 애플리케이션을 더 구체적이고 촘촘하게 설계했다. 똑똑한 일부를 위한 제품이 아니라, 모두가 이용할 수 있는 제품을 만드는 것, 그리고 자사의 제품을 통해 모두가 자신만의 속도로, 각자의 특성대로 배움의 기쁨을 누리게 만드는 것이 목표이기 때문이다. 수월하게 한 단계를 넘어 다음 단계로 가는 빠른 학습자보다는 각 단계마다 문제를 풀기 위해 머무르는 시간이 긴 느린 학습자들의 경험을 상상하고, 이들을 기준으로 애플리케이션을 설계해야 한다는 에누마의 고집. 이들이 추구하는 이 고집스러운 가치는 결국 핸디캡이 있는 아이들뿐만이 아니라 모든 아이들이 이 애플리케이션의 사용자로 존재할 수 있게 만든다. 덕분에 모든 아이들은 자신의 존재를 인정받으며 자기 식의 공부를 해낼 수 있다. 이것이 이수인 대표가 세계 최고의 동료들과 함께 만들어낸 새로운 세상이다.

일하는 이유를 아는 사람들의 일터

•

조직을 책임지고 있다 보니 일에 쏟는 시간이 많을 것 같다. 삶의 많은 부분을 차지하는 일을 어떻게 정의하는지 궁금하다.

철학적인 이야기일 수도 있는데, 우리는 탄생 이후부터 시간을 쭉 불살라가며 죽음에 가까워진다. 그 불살라지는 시간을 무엇으로 채울 것인지의 문제가 일에 대한 이야기로 연결될 수 있다고 생각한다. 아주 오래전에는 그 시간을 온전히 먹고살기 위한 노동으로만 채웠다. 땅을 갈고, 김을 매고, 먹을 것을 찾고, 음식을 만들어서, 입에 넣는 행위만 반복하면서 삶을 불살라가는 것이다. 그런데 이제는 그러지 않아도 되는 사회가 됐고, 먹고살기 위해 노동하던 시간 이외의 남는 시간을 자아를 풍성하게 채우는 데에 사용하고자 하는 욕구가 생겼다고 본다. 내가 순수미술을 전공했는데 일러스트레이터로서 잘해보고 싶어서 밖에 내다 팔지 못하는 그림을 밤을 새워 한없이 그리던 시절이 있었다. 나는 그때의 그 활동이 일이 아니었다고 생각하지 않는다. 우리의 삶은 무언가를 바라고, 바라는 것을 이루기 위해 행하는 행위를 통해 채워져 나간다. 나는 이런 일련의 행위들도 일이라고 본다.

삶과 일을 이분법적으로 나눌 수 없는, 통합적인 것으로 보는 것 같다. 에누마의 조직문화에도 이런 생각이 녹아 있나?

우리는 근무 방식에 대해 규정하지 않는다. 회사에 일주일에 한 번 오는 사람도 있고, 주5일 근무를 하는 사람도 있다. 근무 시간도 일주일에 10시간 일하는 사람, 풀타임으로 꽉 채워 일하는 사람까지 다양하게 존재한다. 그 사람의 삶의 형태와 우리 회사의 필요가 맞는 지점에서 함께 일을 해나가는 것이다. 개인적인 일 등으로 회사에 못 나올 수도 있다. 집에서 일하고 싶다면 그렇게 일할 수도 있다. 규정이 없는 급진적 형태를 가지게 된 이유는 처음에 회사를 만들었을 때 초창기 멤버들이 거의 다 아이를 돌보는 부모였기 때문이기도 하다. 앞서 이야기했지만 그중 몇몇은 아이가 낮에 병원을 가야 하는 등의 문제로 일을 그만두고 전업주부였던 사람도 있었고, 제품 디자인에 관여하는 교사나 특수

교육 전문가들은 업무의 특성상 도움을 줄 수 있는 시간이 한정되어 있었다. 사실 당시에는 그들을 일주일에 40시간씩 고용할 자원도 없었다. 고용자, 피고용자 모두 다 회사에 정시출근하고 퇴근하는 스케줄을 감당할 수 없는 상황이었던 것이다. 그러다 보니 최소한의 시간에 굉장히 압축적으로 만나서 일하고, 그 나머지 시간에는 서로가 맡은 일을 열심히 하리라고 믿으면서 자신이 해야 할 일을 알아서 하는 시스템이었다. 처음부터 이런 시스템으로 운영했는데, 회사가 유연하게 잘 돌아갔다. 그랬더니 새로운 동료가 들어왔을 때도 자연스럽게 이런 가치를 공유하게 됐다.

이런 근무 환경을 모든 회사에서 적용하기는 어려울 것 같다. 이것을 가능하게 하는 에누마만의 노하우가 있나?

한창 때 열심히 커리어를 쌓고 그 과정에서 스스로 자신의 일에 책임질 줄 아는 성숙한 프로페셔널이 된 사람들이 모였기에 가능한 일이 아니었나 싶다. 어떤 환경에서는 이런 모델이 작동하지 않을 수도 있다. 에누마를 구성하는 직원들의 평균 연령대가 30대 후반이다. 30대 초반에 자기 커리어의 정점을 밟고 나서 이후에 챙겨야 할 가족이 생긴 사람들이 주를 이루고 있어서 이와 같은 근무 환경이 잘 운영된 측면도 있다.

사회 초년생들이 일하기에는 다소 어려운 면이 있을 것도 같다.

맞다. 내가 어느 수준으로 일할 수 있으며 이 일을 하는 데 얼마나 시간이 걸릴지 파악이 바로 되는 사람들이어야 자유롭게 일을 계획하고 집중해서 자신의 업무를 끝낼 수 있는데, 이런 감각은 경험을 통해 깨닫게 되는 것이다. 주니어에게는 문제가 무엇인지 확인하고 함께 해결해나갈 사수가 필요한데, 에누마에는 책상에 붙박이로 앉아 있는 사람들이 적기 때문에 신입사원 교육에 빈 공백이 생길 수 있다. 최근 들어서는 우리 조직이 사람을 키울 능력이 있는지에 관한 실험을 하고 있다. 신규 인력을 조금씩 뽑고 있고, 우리가 구축한 조직문화를 해치지 않으면서 뒤에 오는 사람들을 어떻게 잘 키워낼 수 있을지 고민 중이다.

에누마는 2017년 9월, 국제적인 비영리 교육재단인 엑스프라이즈 재단X Prize Foundation이 주최하는 '글로벌 러닝 엑스프라이즈'의 최종 결승 진출팀에 선정됐다. 결승 진출작은 에누마에서 개발한 종합 기초 교육 프로그램인 '킷킷스쿨'이다. 킷킷스쿨은 난민촌에 살거나 학교에 갈 수 없는 아프리카 어린이들이 태블릿에 탑재된 애플리케이션을 통해 초등학교 저학년 과정의 커리큘럼을 영어와 스와힐리어로 공부할 수 있도록 개발됐다.

모두에게 평등한 교육의 기회가 주어지는 세상을 꿈꾸며

•

글로벌 러닝 엑스프라이즈 참가는 어떻게 시작하게 됐나?

엑스프라이즈 재단은 '인류의 미래를 위해 꼭 해결되어야 하지만 잘 풀리지 않는 문제'에 상금을 걸어서 혁신을 유도하는 공익재단이다. 2014년에 글로벌 러닝 엑스프라이즈가 시작된다는 공고가 돌았다. 총 5년간의 장기 프로젝트로 진행되는 대회라는 것, 170억 원의 상금이 걸려 있다는 것, 아프리카 시골 마을에서 어른의 도움 없이 태블릿 기기만으로 혼자 학습이 가능하다는 것을 증명하는 교육 애플리케이션에 이 상을 줄 것이라는 내용이 담긴 공고였다. 공고를 보자마자 우리 에누마가 잘하는 일이라는 것을 알았다. 앞서 이야기했듯이 대부분의 교육용 애플리케이션들이 아이들이 이 정도는 알 것이라고 가정하고 프로그램을 설계

한다. 일곱 살짜리 아이가 초등학교 1학년 커리큘럼을 배울 수 있을 것이라고도 생각하고. 그런데 사실 그렇지 않다. 매우 많은 아이들이 초등학교 1학년에 입학하자마자 교육 과정을 따라잡지 못해 굉장히 괴로워하다가 '잘 못함'이라는 평가를 받고 2학년에 진급한다. 2학년이 되면 더 어려워지지. 아프리카에서도 똑같은 문제가 발생할 것이라고 생각했다. 학습이 어려운 아이들에게 학습 문제가 왜 생기는지, 그 문제를 풀 방법이 무엇인지 세상에서 가장 잘 아는 회사가 에누마이니까, 우리가 꼭 참여해야만 하는 대회라고 생각했다. 현재 다섯 팀이 남은 최종 결선에 올랐다. 글로벌 러닝 엑스프라이즈를 통해 에누마가 그동안 발견한 것들을 세상에 나누고 있다고 생각한다.

에누마가 발견한 것은 무엇인가?

우리가 장애 아동을 위한 교육용 프로그램을 만들면서 깨달은 것은 많은 아이들이 공부를 못하는 까닭이 학습장애 때문이 아니라는 사실이었다. 생각보다 많은 아이들이 각자의 사정으로 표준화된 단계에 따른 자기 레벨의 공부를 할 수 있는 준비를 하지 못한 채 학교에 들어간다. 이를테면 이민자 가정의 아이는 보통 엄마와 유치원 때까지 자신의 모국어로 이야기하니, 미국 초등학교에 입학하면 영어를 잘 구사하지 못한다. 이런 아이들은 영어를 모국어 쓰는 아이들을 기준으로 만들어진 커리큘럼으로 배우면 금세 뒤처진다. 아프리카라고 해서 이와 크게 다르지 않다. 집에서는 부족어를 썼는데 학교에서는 표준어를 쓴다. 교육을 받지 못한 부모 밑에서 책을 한 번도 읽어본 적 없는 아이는 학교에서 글자를 배우기 전에 그림 보는 법, 선 긋는 법부터 배워야 한다. 그런데 아프리카 초등학교 1학년의 교육 과정은 한국의 그것과 별반 다르지 않다. 아이들이 커리큘럼을 따라갈 수 없다는 말이다. 현실이 이렇다면, 앞으로의 세상에서는 다양한 아이들의 상황을 고려해서 만든 제품이 표준이 되어야 한다. 아이들은 기존의 교육제도에서 생각하는 것처럼 표준화된 존재가 아니다. 전 세계 어느 대륙에서든지 간에 아이들은 학교에 입학하기 전, 어떠한 성장 배경에서 자랐느냐에 따라 이후 학교의 커리큘럼을 따라갈 수 있는 능력에 현격한 차이를 보인다. 우리는 이런 아이들의 고통에 민감한 조직이고. 그래서 확신을 가지고 글로벌 러닝 엑스프라이즈에 뛰어들게 됐다.

철저한 현지화 과정을 거쳤다고 들었다.

토도수학에는 다양한 아이들의 입장을 고려해서 만든 디테일한 디자인들이 들어 있다. 이 노하우가 킷킷스쿨의 아프리카 현지화 과정에서도 반영됐다. 이를테면 탄자니아 아이들이 주변에서 쉽게 볼 수 있는 곤충이나 식물, 풍경으로 캐릭터나 문양을 대체하는 식이다. 아프리카 아이들은 모두 당연히 사자를 알 줄 알았는데 탄자니아 시골 마을의 아이들 50퍼센트 이상이 사자 그림을 알아보지 못하더라. 집에 TV도 그림책도 없고, 평소에 사자와 마주칠 일도 없으니까 평생 한 번도 보지 못한 것이다. 그래서 아프리카 하면 우리가 으레 당연하게 떠올리는 동물이나 식물 대신 현장에서 수집한 이야기들을 반영해 프로그램을 만들었다. 이를테면 고릴라, 기린, 사자 대신 닭, 소, 쥐 같은 동물 그림을 넣거나, 개미를 세면서 숫자를 배운다거나, 모래 위의 선을 따라 글자를 그려볼 수 있게 하는 식으로 프로그램을 설계했다.

파이널리스트에 들었고, 현재 우승자를 가리기 위한 필드 테스트 중이다. 필드 테스트는 어떻게 진행되나?

탄자니아의 한 지역에서 약 200개 마을의 아이들이 파이널리스트들이 만든 애플리케이션을 사용하고 있다. 40개 마을은 이 애플리케이션을 쓰고, 40개 마을은 저 애플리케이션을 쓰는 식으로 18개월 동안 사용한 뒤, 각 마을의 성적을 비교해서 아이들의 성적이 가장 좋은 제품이 최종 우승을 하는 것이다. 완전히 성적 중심주의이다. (웃음)

공공 중심적이거나 가치 중심적인 물건은 제품의 질이 떨어진다는 편견이 있지 않나. 에누마는 완성도나 질적인 면에서 이런 고정관념을 전복시키고 있다는 생각이 든다.

마이너리티를 위한 제품의 질이 떨어지는 이유는 만드는 사람이 대강 만들어서라기보다는 시장에서 판매될 기회가 적으니까 제품 제작을 위해 투자되는 자원이 적기 때문이다. 또 물건을 만든 다음에 많이 팔아서 돈을 많이 벌어야 경쟁자도 등장하고 후속작도 등장하는데 사정이 어려우니까 제품이 업그레이드가 안 되고 물건 자체가 낡아버린다. 이것은 구조적인 문제라서 개인이 어떻게 할 수 있는 지점은 아니다. 우리도 장애가 있는 사람의 필요에만 맞는 제품을 만들었으면 이야기가 달랐을 것 같다.

에누마는 어떻게 접근했나?

우리는 모든 어린아이를 위한 제품을 만든다. 아이들의 발달은 들쑥날쑥하다. 어떤 아이는 운동신경은 좋은데 말은 잘 못하고, 어떤 아이는 말은 빠른데 손 근육 사용하는 것은 잘 못한다. 이것은 아직 뇌가 완전히 발달하지 않아서 생기는 현상이다. 그래서 다양한 발달단계에 있는 사용자를 아우를 수 있는 통합적인 물건을 만드는 것이 훨씬 많은 아이들에게 도움을 줄 가능성이 높다. 아이들의 발달에 대한 이야기로 돌아가면, 학습이 빠른 아이들은 세 살 무렵부터 글자를 익히지만, 어떤 아이는 여덟 살이 되어서야 배우기도 한다. 그래서 매우 쉽고 재미있게 글자를 배우게 만들되, 너무 유아용 티는 나지 않으면서 유연하게 사용할 수 있게 만들면, 여덟 살 무렵에 글자를 배워야 하는, 배움의 속도가 느린 아이들부터 세 살에 글자를 배우는, 학습 속도가 빠른 아이들까지 공유할 수 있는 콘텐츠가 만들어진다. 우리의 경우에는 모든 사람들에게 보편적으로 주어져야 하는 교육 서비스라는 가치, 나이가 어린 아이들이라는 명확한 대상, 여기에 구매력이 있는 부모들이 결합된 시장에서 활동 중이어서 이런 제품의 개발이 가능했다고 생각한다. 내가 아이를 키우는 엄마였기 때문에 그 시장을 자연스럽게 볼 수 있었다.

작년 한 해 한국에서 스타트업을 운영하는 기업의 여성 대표들은 전체 투자금 중 4퍼센트를 투자받았다. 실리콘밸리는 어떨까. 실리콘밸리 역시 여성들에 대한 투자가 적고, 유리천장 문제가 존재한다고 지적받는다. 이수인 대표는 지금까지 누적 투자액 100억 원을 유치하며 실리콘밸리에서 사업을 이끌고 있다. 이수인 대표는 여성으로서 이곳에서 어떻게 투자자와 연결되고 자신의 사업을 해내고 있을까. 이수인 대표와 여성과 창업, 그리고 투자에 대해 이야기를 나눴다.

투자자와 창업가는 '존중'으로 연결된 관계여야 한다

•

실리콘밸리에서 창업을 하고 회사를 꾸려오면서 느끼는 실리콘밸리의 장점과 단점은 무엇인가?

영어를 잘 못하고, 네트워크가 하나도 없고, 미국에서 대학을 나왔거나 직장을 다닌 배경이 없다는 것이 불리하게 작용했다. 그런 연결 고리가 없으면 사람을 믿어주기 힘들지 않나. 예를 들어 이주 여성인데다, 한국말도 잘 못하고, 본국에선 좋은 대학을 나왔다고는 하는데 들어본 적은 없는 곳이고, 한국에서 직장을 다닌 적이 없는 사람이 사업계획서 다섯 장짜리를 들고 우리나라 벤처투자사에 투자를 받으러 왔다고 하자. 투자를 받을 수 있을까. 나는 미국에서 그와 같은 상황에서 100만 달러, 약 12억 원 정도의 투자를 받았다. 이게 바로 실리콘밸리의 놀라운 점이다. 극단적인 오픈 마인드의 도시라고 해야 하나. 언어가 안 되거나 네트워크가 없는 사람들도 성공할 수 있는 곳이다. 내가 그 혜택을 받았다. 시제품을 들고 가서 "제가 말하는 것보다 저희 회사에서 만든 물건이 더 좋으니 물건을 보시죠"라고 이야기했다. 그렇게 제품을 보고, 그 제품이 좋으면 회사에 투자를 해준다. 실리콘밸리도 물론 남녀 차별이 존재하고 인종 차별이 존재하고 학벌을 따지는 곳이다. 그런 경향은 인간의 속성이자 본성이기도 하니까. 하지만 그런 것들이 아닌 부분에도 시선을 주고 숨은 보석을 찾으려는 노력을 더불어 한다는 점이 실리콘밸리를 실리콘밸리답게 만드는 요소인 것 같다.

실리콘밸리에도 남녀 차별이 존재한다고 했는데 그걸 직접적으로 경험한 적이 있나?

실리콘밸리에도 유리천장이 존재한다. 하지만 그건 주류에 있는 여성들에게 해당하는 이야기이다. 나는 그전에 이주

민으로서 많은 약점이 있어서 제대로 된 유리천장에는 도달하지 못했다. 이주민으로서의 어려움이나 서러움은 당연히 있었다. 벤처투자자가 이야기를 하다 말고 짜증을 낸다든가, 네가 이 업계에 성공할 가능성은 없으니 백인 남자를 파트너로 세워야 한다고 조언을 받는다든가 하는 그런 순간들은 계속 있었다. 그런데 내가 들었던 이런 부정적인 피드백들은 미국에서의 경력 부족이나 나의 언어능력이나 이해력과 관련된 부분이기 때문에 여성이라서 차별받았다고 말하기는 조심스럽다.

그런 약점이 있음에도 불구하고 실리콘밸리에서 사업을 성공적으로 해내고 있지 않나. 그 이유는 무엇일까? 단순히 제품이 좋기 때문일까?

처음에 100만 달러 정도를 모아서 제품을 만들기 전까지는 굉장히 힘들었다. 우리가 성공할 것이라고 믿는 분들이 그렇게 많지 않았다. 처음엔 자신들의 투자 포트폴리오의 다양성을 위해 교육, 그중에서도 장애를 가진 아이들을 위한 교육 애플리케이션에 투자하는 임팩트 투자자들이 대부분이었다. 그렇게 조금씩 투자를 유치해서 100만 달러를 채울 때쯤 토도수학이 나온 것인데 시장의 반응이 매우 좋았다.

이걸 보고 소프트뱅크벤처스코리아와 중국의 탈TAL에듀케이션그룹이 투자를 했다. 소프트뱅크벤처스코리아에서는 내가 한국인인 것을 약점으로 삼지 않았고, 탈TAL에듀케이션그룹은 내가 여자인 것을 약점으로 삼지 않았다. 그 시기부터는 많이 나아졌다.

창업을 하면 투자 유치와 관련된 고민을 하게 되지 않나. 최근에 여성들끼리 공동 창업한 한 스타트업이 투자 과정에서 "남성 대표를 합류시키면 투자를 하겠다"라는 말을 들었다고 한다. 이 밖에도 창업 경진대회에 나온 똑같은 초기 창업가인데 여성들만 유독 더 창업 경험 없음을 문제로 지적받기도 한다. 이런 문제에 직면한 여성 초기 창업가들에게 해주고 싶은 이야기가 있나?

초기 창업엔 돈이 필요하다. 그래서 이렇게 이야기하는 것이 조심스럽긴 하지만, 그 돈을 꼭 받아야 하는지 묻고 싶다. 대개 투자를 결혼에 비유한다. 일단 한 번 결혼을 하면 이혼이 어려우니까 결혼 전까지 잘 생각해야 한다. 소개팅에 나갔는데 상대가 나를 보고 더 좋은 대학 나왔으면 좋았을 텐데, 지금 사는 곳 말고 다른 곳에 살았으면 좋았을 텐데, 라고 이야기한다면 그런 사람과 함께 나의 앞으로의 행로를 함께할 수 있을까. 또 서로의 의견이 일치하지 않을 때 서로 의견을 존중할 수 있을까. 투자도 마찬가지이다. 일단 투자를 받고 파트너가 되면 사업을 잘 끌고 나가기 위해 논의하고 서로를 설득하게 될 텐데, 이 과정이 어려울 것 같으면 시작 전에 잘 정리해야 한다. 벤처에서 투자자와 창업자의 관계는 동업에 가까울 정도로 끈끈한 관계인데 이 관계가 건전하지 않으면 사업을 하는 내가 힘들다. 물론 모든 투자마다 이렇게 엄격한 기준을 둘 필요는 없다. 어느 시기를 넘어가면 투자자 한 명 한 명이 그렇게까지 큰 영향을 미치지 않는다. 그러나 최초의 외부 투자, 그리고 회사의 많은 지분을 갖게 되는 리드 투자자는 내가 존중할 만한 사람인지, 그리고 그 사람이 나의 회사와 나를 존중하는지 살펴봐야 한다고 생각한다.

조금 이상한 상황이라는 느낌이 들긴 하지만, 금세 '저 사람이 나보다 많이 아는 사람이니까 저 사람의 이야기를 존중해도 되지 않을까, 좀 더 들어야 하지 않을까'라는 생각을 해버리게 되는 것 같기도 하다.

우리가 엄마 말은 엄청 안 들으면서 밖에서 그런 말은 또 잘 듣는다. (웃음) 평소엔 안 그러다가도 남의 돈 받으려면 그런 경향이 생기기도 한다. 창업 초기 2년간 실리콘밸리에서 투자 유치를 위한 미팅을 한 50번쯤 한 것 같은데 좋지 않은 경험도, 자책도 정말 많이 했다. 한국에서 회사 다니면서는 늘 당당했는데 내가 잘 모르는 곳으로 거처를 옮기고 사업을 하면서 자존감이 낮아지고 위축되다 보니 어느새 착하고 순종적인 여자아이를 연기하고 있는 나 자신을 발견하게 됐다. 내 생각을 주장하기보다 '저 사람 말을 들어야 내가 사랑받을 수 있어' 하는 마음이 생겼던 것이다. 게다가 남이 가진 돈을 우리 회사에 투자해달라고 청하는 상황이 아닌가. 이런 상황에서는 좋은 결정을 내리기가 힘들다. 하지만 나중에 후회할 일을 만들지 않아야 한다는 사실을 젊은 여성 창업가들이 꼭 기억했으면 한다. 나를 위해서. 인생을 건 일이 아닌가. 외부 투자자들은 향후 몇 년간, 내 인생에서 가장 중요한 결정들을 같이 내릴 사람들이다.

그렇다고 마음이 맞는 투자자만 고르기는 어렵지 않은가?

앞서 든 비유로 오해가 생길까 봐 조금 부연을 해야 할 것 같다. 기울어진 운동장을 부정할 수는 없고, 자기 기준에 맞는 투자를 딱 받을 수 있을 만큼 운이 좋은 창업자는 성별을 불문하고 많지 않다. 나는 운이 좋았다. 창업 초기에 아무것도 모를 때 좋은 투자자를 만났고, 그중 절반이 여성

투자자들이었다. 그러나 여전히 새 투자자를 만날 때면 긴장한다. 투자 유치를 하려고 갔는데 나를 비웃거나, 훈계를 하려고 들거나, 무례한 말을 하는 사람을 만난 기억이 있으니까. 비교적 남성의 비중이 큰 투자업계에 여성 창업자를 존중하는 사람, 여성 창업자에게 존중받을 만한 사람들이 더 많아지기를 더 적극적으로 기대하고 요구할 필요가 있다고 생각한다.

에누마는 앞으로 어떤 계획을 가지고 있나?

우리 제품이 고객들을 더 많이 만날 수 있도록 하는 활동을 본격적으로 할 생각이다. 시장에서 성공해서 훌륭한 롤모델이 되는 회사이고 싶다. 우리가 만든 제품을 보고, 또 우리가 생각하는 교육에 대한 가치를 보고, 다른 회사들이 "저렇게 하면 잘되나 봐" 하고 따라했으면 좋겠다는 바람이 있다. "아이들을 위한 교육 애플리케이션은 저렇게 만들어야 되나 봐", "장애가 있는 아이들이나 학습에 어려움이 있는 아이들에 대한 고민도 같이 해야 되나 봐", "서로의 시간을 존중하고 자유롭게 일하는 회사가 좋은 회사가 되기 쉬운가 봐" 같은 이야기를 듣고 싶다. 그걸 결정하는 기준은 에누마가 시장에서 얼마나 많은 수익을 올렸는지, 직원들의 행복을 얼마나 오래 지속가능하게 만들어주는지에 달린 것 같다. 그 지속가능성을 얻어내려고 노력하는 중이다.

"세계 최고라는 말을 들을 자격이 있는 사람들은 그 말을 들어야 한다"며 팀원들을 자랑하던 이수인 대표의 얼굴을 나는 오래도록 잊지 못할 것 같다. 그 표정에서 드러나는 동료들에 대한 깊은 신뢰는 그가 자신만의 일터를 든든히 꾸려가게 만드는 원동력임을 짐작하게 했다. 가치가 있다고 여긴 일을 현실화시키기 위해 치료사, 동네 친구, 심지어 처음 만난 사람들까지도 설득했던 이수인 대표는 이제 그 가치를 함께 실현해 나아갈 동료들과 함께 자신의 일터를 다져가고 있다. 이러한 그의 행보는 이수인 대표 개인의 성취에서 끝나는 것이 아니라 비슷한 꿈을 가진 후배 여성들에게 믿고 참조할 만한 나침반이 되어줄 것이다.

기울어진 운동장은 언제쯤 평평해질까. 그건 알 수 없다. 다만 이 사실만은 분명하다. 그 평등하지 못한 운동장 위에서 자신의 가치를 제대로 실현시키고자 자기만의 일터를 만드는 여성들이 점점 더 많이 등장하리라는 것. 그리고 그들이 함께 만들어내는 목소리와 영향력은 기울어진 운동장을 결국 더 평평하게 만들어내리라는 것.

이것이 우리에게 더 많은 여성 리더와 그들이 만든 일터가 필요한 이유이다.

○

에필로그

내 일터를 스스로 어떻게 만들어갈지 고민하는 와중에 이 책의 주인공들을 만났다. 유독 더웠던 올해 여름, 땀을 흘리며 찾아간 인터뷰이들의 일터에서 이들과 이야기를 나누는 동안, 나는 머리가 시원해지는 것을 느꼈다.

자신이 만든 일터에서 하고 싶은 일을 하고, 또 그 일을 통해 다른 사람들에게 좋은 영향을 미치며 살아가는 여성들이 존재한다는 사실만으로도 '나 역시 뭔가 해볼 수 있지 않을까' 하는 희망이 생겼다.

내가 만난 여덟 명의 인터뷰이들을 든든히 지탱해주는 것은 대의나 거대한 자본이 아니라 함께하는 동료들, 그리고 하고 싶은 일을 더 잘 해내고자 하는 마음이었다. 이들의 지난 여정과 앞으로의 계획은 내가 지금 여기에서 내게 필요한 일터를 만드는 데 영감과 격려가 되어주었다.

"사무실이 없어 거실 테이블에서 사업을 시작했다"는 연현주 대표의 말처럼 나 역시 본격적으로 팀을 꾸려 사업을 시작한 지난가을 내내, 우리 집 거실 테이블로 출근했다.

"선배가 없어도 동료들로부터 배우고 성장할 수 있었다"는 조소담 대표의 말을 들은 뒤로는, 나를 성장시킬 동료를 더 적극적으로 찾기 시작했다.

시장 상황과 맞지 않아 사업 모델을 변경해야 하는 때가 찾아오면 나는 망했다고 말하는 대신, '우리가 가진 질문을 바꿔야 하지 않을까'라고 물었던 안지혜 대표의 말을 떠올릴 것이다.

선샤인콜렉티브의 대표로서 내가 현재 기획 중인, 여성들이 함께 연대하고 교류할 수 있는 커뮤니티 서비스 '빌라선샤인'은 어쩌면 이은의 변호사와 그의 친구들과도 연결될 수 있을 것이다. 일하면서 만난 사람들과 자신의 일상을 공유하고 사회적 이슈에 대한 서로의 생각에 공감하면서 친구가 된다는 그의 말에서 나는 내가 꾸려갈 사업을 더 단단하게 다질 힌트를 얻었다.

열심히 일해도 변하는 것이 없어 지친다는 느낌이 들 때면, 이민경 대표의 말처럼 작은 승리들을 기념하고, 내 안에서 벌어진 작은 변화들을 제대로 알아채면서 앞으로 나아갈 힘을 얻어보고자 한다.

내가 하는 일이 여기에서 끝나지 않고 뒤에 오는 여성들을 위해 베이스캠프를 올리는 일이 된다는 사실은 김희정 대표가 알려주었다.

직업윤리가 내 일터와 나를 성장시키게 만든다는 최하란 대표의 말에 기대어, 나 역시 제대로 된 태도를 가지고 일하고 싶다.

그래서 언젠가는 "우리 서비스는 최고예요. 그걸 만드는 우리 동료들이 최고이기 때문이에요"라고 말할 수 있는 사람이 되고 싶다. 뜻한 바를 향해 동료들과 함께 성큼성큼 걷는 사람의 힘찬 발걸음이 자신과 주변을 어떻게 바꾸어 나가는지 이수인 대표를 보면서 알게 되었다.

이런 멋진 여성들 덕분에,
나는 오늘도 내가 만든 일터로 출근한다.

나는 오늘도 내가 만든 일터로 출근합니다

1판 1쇄 2018년 12월 20일
1판 2쇄 2022년 10월 12일

지은이 홍진아
펴낸이 김정순
책임편집 한아름
일러스트 박연
디자인 김진영
마케팅 이보민 양혜림

펴낸곳 (주)북하우스 퍼블리셔스
출판등록 1997년 9월 23일 제406-2003-055호
주소 04043 서울시 마포구 양화로 12길 16-9(서교동 북앤빌딩)
전자우편 editor@bookhouse.co.kr
홈페이지 www.bookhouse.co.kr
전화번호 02-3144-3123
팩스 02-3144-3121

ISBN 978-89-5605-985-3 03300